관동대지진, 학살 부정의 진상

관동대지진, 학살 부정의 진상

2023년 8월 15일 초판 1쇄 펴냄
지은이 와타나베 노부유키
옮긴이 이규수
편집 박성근
펴낸이 신길순
펴낸곳 (주)도서출판 삼인
전화 02-322-1845
팩스 02-322-1846
이메일 saminbooks@naver.com
등록 1996년 9월 16일 제25100-2012-000046호
주소 (03716) 서울시 서대문구 성산로 312 북산빌딩 1층

디자인 끄레디자인
인쇄 수이북스
제책 은정

ISBN 978-89-6436-244-0 93910
값 18,000원

This work was supported by the Core University Program for Korean Studies through
the Ministry of Education of the Republic of Korea and Korean Studies Promotion
Service

관동대지진, 학살 부정의 진상

— 램지어 교수의 논거를 검증한다

와타나베 노부유키 지음 | 이규수 옮김

삼인

관동대지진을 취재하기 시작한 것은 2013년의 일이었다. 90주년을 기념하여 도쿄를 중심으로 관동지방 각지의 박물관이 관동대지진을 주제로 한 기획전을 개최했다. 신문기자인 나는 일상적인 업무의 일환으로 박물관을 찾아다녔다. 당시는 2011년에 발생한 동일본 대지진의 기억이 아직 생생한 시기였다. 관동대지진은 어떤 재해였고, 어느 정도의 피해를 입었으며, 이재민과 행정기관이 어떻게 대응했는지 등이 담긴 다양한 자료들이 전시되었다. 전시회는 지진 후 복구 상황이나 지진 재해의 교훈이 어떻게 전승되었는지에도 주목했다.

그런 행사장 한구석에 '조선인 학살' 코너가 쓸쓸하게 자리하고 있었다. 하지만 조선인이 살해당했다는 사실 그 이상의 구체적인 설명은 찾아볼 수 없었다. "왜 그런 일이 일어났습니까?" 이런 소박한 질문을 전시 기획을 담당한 교수나 학예사에게 던져보았지만, "그것은 잘 모르겠습니다. 미증유의 사태에 정신이상이 생긴 것 같아요"라는 대답뿐이었다. 그나마 그럴듯한 대답은, 당시는 불경기로 실업이 많았고, 임금이 싼 조선인 노동자에게 일자리를 빼앗긴 일본인이 원망을 품고 있었다는 설명 정도였다.

하지만 기록을 조사해보면, 조선인 학살은 관동지방의 광범위한 지역에서 동시다발적으로 발생했다. 일본 정부 전문조사회가 2008년 내놓은 보고서는 "무기를 든 다수자가 비무장 소수자를 폭행한 끝에 살해한 학살이라는 표현이 타당한 예가 많았다"고 지적하고, 학살 희생자를 "사망자의 몇 퍼센트"로 추산했다. 적어도 1,000명 이상의 사람이 살해당한 것이다. 그런데 당시 조선인은 관동지방 전체에서 1만 수천 명 정도에 불과했다. 일자리 문제로 인한 일본인 노동자들의 불만이 그 원인이라고 말하기 어려운 규모다. 그리고 그만한 이유로 사람이 사람을 죽일 수 있는 것일까? 납득할 수 없었다. '왜였을까?'라는 의문은 깊어질 뿐이었다. 그로부터 10년이 흘렀다. 그 원인에 납득하지 못하고, 솟아오르는 의문에 대한 답을 찾아 헤매던 세월이었다.

그렇게 취재를 거듭하다 마주한 것이 미국 하버드대학 램지어 교수의 논문이었다. 영국 케임브리지대학 출판국에서 출간 예정인 원고라는데, 도쿄대학에 대한 사사까지 언급되어 있었다. 나 같은 하찮은 글을 쓰는 사람이 과연 다루어도 좋을지 두려움이 생기는 세계 최고 권위의 집단이었다. 상세한 내용은 본문을 읽어주면 감사하겠다.

여기에서는 본문에 빠뜨린 내용 하나를 추가하고 싶다. 권말의 참고문헌에 관한 것이다. 논문에는 일본어 문헌을 알파벳으로 표기하고 있는데, 그 가운데 '선인鮮人' 표기에 오류가 있다. 선인은 조선인의 약칭으로 오늘날에는 한국인을 업신여기는 용어로 인식되어, 대체로 일본인들이 일상 대화에서 사용하지 않는 용어다. '센진'으로 읽으며, 통상이라면 영어로 'senjin'으로 표기하게 된다. 그런데 'senninn', 즉 '센닌'이라고 적은 것이 혼재되어 있다.

이것은 조금 놀라운 부분이었다. 만약 필자 한 사람이 처음부터 끝까지 글을 썼다면 일어날 수 없는 현상이다. 아마도 여러 사람이 정보를 수집했다는 흔적일 것이다. 그리고 그 연구자들 중에는 '선인'을 '센진'으로 읽을 줄 모르는 사람이 포함되어 있음을 말해준다. 쉽게 확인할 수 있는 실수지만 점검하지 않은 것이다. 슬픈 발견이었다. 이 정도의 어설픈 기획에 일본 사회가 흔들리고 있다는 현실이 드러났기 때문이다.

그 이유는 명백할 것이다. 이 문제를 진지하게 마주하지 않았기 때문이다. 그 밖에도 이 논문이 생각하게 해준 점은 부지기수다. 100주년이라는 고비의 해를 맞으면서 "이대로 괜찮습니까?"라고 문제를 던져준 귀중한 재료였던 것 같다. 100년 전에 무슨 일이 있었는지에 그치지 않고 왜 이런 무모한 논란이 오늘날에도 계속되고 있는지를 가장 단적으로 보여주고 있다.

2022년 12월
와타나베 노부유키

차례

일러두기

– 역자의 주석은 본문 내에 '옮긴이'로 표시하고 괄호로 묶어 실었습니다.

– 일본 지명 표기에서 고유명사 부분은 현지음을 따르고, 행정 단위는 한자음으로 표기했습니다.

관동대지진, 학살 부정의 진상

— 램지어 교수의 논거를 검증한다

머리말

"꼭 읽어주었으면 하는 게 있어요."

친분이 있는 한 역사학과 교수에게 이런 연락을 받은 것은 2021년 2월이었다. "위안부는 계약에 의한 매춘부였다"는 취지의 논문을 발표해서 물의를 일으킨 미국 하버드대학 존 마크 램지어John Mark Ramseyer 교수가 관동대지진을 다룬 논문도 집필했다는 것이었다. 영국 케임브리지대학 출판국이 이 논문을 출간할 예정이고, 논문은 대지진의 혼란 속에서 조선인을 학살한 일본 자경단이 기능부전의 사회가 만들어낸 경찰 민영화의 한 사례였다는 내용을 담고 있다고 했다. 게다가 학살의 원인이 된 "조선인이 불을 질렀다" "우물에 독을 풀었다" 등의 유언비어는 실체가 없는 거짓말이 아니었다는 전제하에서, 살해당한 조선인의 수는 그동안 알려진 만큼 많지 않다고 주장한다고 했다. 그리고 케임브리지대학 출판국에서 출간될 이 논문의 서평을 써 달라고 내게 요청했다.

주로 역사 분야를 취재하는 저널리스트인 나는 일본과 한국의 서로 어긋나는 역사 인식에 관심이 많았고, 그동안 그 구체적인 사례 중 하나로 관동대지진 당시의 조선인 학살에 대해 취재해왔다. 이와 관련하여, 일본에는 "학살은 없었다"거나 "살해당한 조선인은 있었지만, 그들은 범죄자이기 때문에 일본인의 자위 행동이었다"와 같은 '학살 부정론'을 주장하는 사람들이 있다. 주로 문필가, 정치인, 사회운동가 들이고, 연구자가 논문으로 발표한 것은 지금까지 본 적이 없다. 학술적으로는 논쟁이 될 수 없는 영역이라고 생각하는 분위기다.

그런데 이 학살 부정론이 드디어 해외까지 무대를 넓히는 듯했다. 그것도 하버드대학 교수가 케임브리지대학 출판국에서 책으로 출간한다는 거다. '세계 최고 권위'라는 단어가 머리를 스쳤다. 그런 보증수표를 갖춘 학살 부정론은 무엇을 근거로 삼은 걸까? 나는 호기심이 발동하여 논문을 읽어보았다.

논문의 구조는 금방 알 수 있었다. 램지어 교수가 주장의 논거로 삼고 있는 것은 당시 신문 기사였다. "이 기사에 조선인의 범죄가 적혀 있다" "비슷한 기사는 전국에 넘쳐난다"고 지적하며 그는 독자적인 주장을 펼치고 있었다. 1923년 9월 1일의 지진 재해 발생 직후의 눈에 띄는 기사는 유언비어를 그대로 전한 오보일 것이라는 인상을 받았지만, 10월 중순을 넘긴 시점의 기사에도 그런 내용이 남아 있어 그저 유언비어라고 하기엔 납득할 수 없는 부분도 분명 있었다.

제대로 된 검토가 필요하다고 생각하고 조사를 시작하자마자 바로 깨달은 게 있었다. 공전의 혼란 속에 신문에는 진위를 판단할 수 없는 기사가 넘쳐났다. 그런 기사를 신문사가 총괄하지 않고 방치해온 것이 이런 주장을 낳는 큰 원인이 되었다. 어떤 기사가 옳고, 어떤 기사가 오보인지 구분 없이 그동안 방치됐던 것이다.

일본과 한국 사이에 역사를 둘러싼 갈등이 심화되면서 이 문제가 다른 나라로 불똥이 튀는 것은 바람직하지 않다. 무엇보다 신문기자로 40년을 살아온 나에게 이 문제는 깊이 생각해보아야 할 사안이었다. 내 경험을 살려 할 수 있는 일이 없을까 고민하다가 논문에서 다룬 신문 기사의 실태와 배경을 살펴보아야겠다는 생각이 들었다. 미증유의 재해에 직면해서 100년 전의 신문기자들은 무엇을 했을까? 어떻게 정보를 모으고, 어떤 상황과 환경에서 기사가 작성되었을까? 그리고 이 엄청난 오보는 왜 생겼고 방치되었을까? 이 책은 그런 생각으로 시작한 작은 시도이자 보고다.

당시 신문을 읽으면서 나는 깊은 생각에 빠졌다. 사람들은 괴이한 정보를 믿고 망설임 없이 잔인한 행동에 나섰다. 그 결과는 심각하고 실로 엄청났지만, 일본 사회는 그 사실을 외면했고 없었던 일처럼 여기고 살아왔다. 관동대지진의 이재민을 흔든 유언비어와 그것을 보도한 신문 기사들, 오늘날의 말로 표현하면 그야말로 가짜 뉴스가 넘쳐났던 것이다. 그 실태를 파악하는 것은 단지 100년 전에 무슨 일이 일어났는지를 아는 데 그치지 않고, 또 다른 의미를 지닐 것이다.

이 글에서 자료의 인용은 오늘날 차별적이라고 받아들여지는 용어도 그대로 사용했다. 한자나 인명 등은 현대 용어를 사용했고, 필요에 따라 구두점을 넣어 보완했다. 석간은 발행된 다음 날 날짜를 지면 상단이나 바깥 여백에 표시하는 것이 관례지만, 본서에서는 원칙적으로 실제로 발행된 날짜를 사용했다.

ISSN 1936-5349 (print)
ISSN 1936-5357 (online)

HARVARD

JOHN M. OLIN CENTER FOR LAW, ECONOMICS, AND BUSINESS

PRIVATIZING POLICE:
JAPANESE POLICE, THE KOREAN MASSACRE,
AND PRIVATE SECURITY FIRMS

J. Mark Ramseyer

Forthcoming in *The Cambridge Handbook on Privatization*
Avihay Dorfman & Alon Harel, eds.

Discussion Paper No. 1008

06/2019

Harvard Law School
Cambridge, MA 02138

2019년 6월에 집필된 램지어 교수의 논문 표지
'HARVARD'라는 커다란 문자가 눈에 띈다.

1
치안이라는 정상재正常財

램지어 교수의 영어 논문 제목을 한국어로 번역하면, 「경찰 민영화: 일본의 경찰, 조선인 학살 그리고 민간 경비 회사」다. 집필 날짜는 2019년 6월로, 학술 논문이 게재되는 인터넷 사이트에 공개되었다. A4판 27페이지 분량으로 표지와 요지, 부표, 참고 문헌을 제외하면 본문은 17페이지다. 표지에는 'HARVARD' 글자가 유난히 크게 내걸렸고, '케임브리지 핸드북으로 간행 예정'이라고 적혀 있다.

케임브리지대학 출판국 홈페이지에서 확인해보니, "각 분야의 최신 정보를 망라한 폭넓은 내용"이라는 핸드북 시리즈의 설명이 붙어 있다. 언어학, 법학, 심리학 등 세 개 분야가 있으며, 출간 목록에는 2021년 2월 시점으로 126개의 제목이 나열되어 있다. '지혜'와 '상상' 같은 철학 주제뿐만 아니라 '어린이의 언어'와 '소비자의 심리학' '음운론' 등 전문성이 높은 주제도 있고, '일본 언어학'이라는 책도 포함돼 있다. 램지어 교수의 논문은 법학 분야에서 기획된 '민영화'를 주제로 한 책에 수록될 예정이다.

논문의 요지

우선 논문이 어떤 내용인지 읽어보자. 서두에는 「요지」가 게재되었는데, 그 내용은 다음과 같다.

공공 치안은 규모의 경제를 수반하는 배제할 수 없는 공공재公共財인 경우가 많다. 이런 이유로 현대 민주주의 국가들은 기본적인 치안 서비스를 공비公費로 주민들에게 제공한다. 하지만 보호하는 힘은 포식하는 힘이 되기도 한다. 그 결과, 기능부전機能不全에 빠진 사회에서는 정권이 치안 장치를 이용해 자신들의 이익을 취할 수 있다. 때로는 치안 기관이 그 자원을 이용해 자신들의 이익을 취하기도 한다.

공공 치안은 정상재正常財이기도 하다. 사람들이 요구하는 치안 수준은 소득에 따라 상승하는 경향이 있다. 따라서 부유층은 시장에서 추가적인 치안을 구입하여 사용하는 경우가 많다. 민주주의 국가에서는 공공 경찰이 제공하는 치안을 보완하기 위해 추가적인 치안을 구입한다. 기능부전에 빠진 사회에서는 공공 경찰로부터 자신을 보호하기 위해 이런 일을 한다.

이런 단순한 원칙을 일본의 근대적 경찰 조직의 발전, 1923년 대지진 이후의 조선인 학살 그리고 근대적 민간 경비 회사의 발전이라는 사례를 통해 설명하고자 한다.

'치안'이라는 말은 영어로 'security'에 해당하지만, 위화감이 있다면 '안전보장'이나 '보안'으로 바꾸어 읽어도 된다. '포식'은 이 논문에서 종종 등장하는 'prey'라는 단어를 번역한 것으로 '(시민을) 잡아먹는다'거나 '(시민에게) 희생을 강요한다'는 뉘앙스일 것이다. '정상재'는 소득이 늘면 수요가 증가하는 종류의 재화를 말한다.

서두에서 램지어는 자신을 '하버드대학 미쓰비시 일본 법학 교수'라고 소개한다. 이는 미쓰비시 그룹의 지원을 받아 활동하는 일본 법률 관련 연구자라는 의미며, 그는 "하버드대학 법학과 대학원과 도쿄대학 법학부의 아낌없는 지원에 감사한다"라는 말도 남겼다. 여기에 하버드대학, 케임브리지대학과 함께 도쿄대학도 이름을 넣은 것으로 보아, 보기 드문 권위를 갖추려는 모양새라고 할 수 있다.

치안 서비스를 생각하는 틀

다음 페이지부터 논문의 본문에 해당하는 부분이다. 제1장은 「공공재」로, A는 「논리」의 설명으로 시작한다. 요약하면 다음과 같다.

질서를 유지하고 범죄를 억제하는 과정에서 경찰관은 규모의 경제(생산 요소 투입량의 증대에 따른 생산비 절약 또는 수익 향상의 이익—옮긴이)에 직면한다. 이들은 수사나 통제 또는 존재 자체를 통해 남의 재산을 빼앗거나 사람에게 해를 끼치는 사건들을 줄인다. 같은 일을 하는 데 사설 경비팀을 고용할 수도 있다. 주변 이웃들도 마찬가지다. 하지만 이웃들이 저마다 사설 경비팀을 고용하게 되면 처음부터 모든 집을 동시에 보호하는 팀을 고용했을 때보다 불가피하게 많은 돈을 쓰게 된다.

위와 같은 논리는 군사력에도 적용된다. 경찰의 역할과 군에 의한 보호는 일반적으로 구분하여 생각할 수 있지만, 양자에는 같은 원칙이 담겨 있다. 경찰관은 국내 범죄자로부터 우리를 지켜준다. 군대는 외국 침략자로부터 우리를 보호한다. 둘 다 규모의 경제가 동반되며, 둘 다 배제할 수 없는 공공재를 공급하는 것이다.

이어지는 B는 「기능하는 정부와 기능하지 않는 정부」가 주제다.

이 논리는 부유한 민주주의 국가에 해당한다. 일본, 미국, 서유럽 국가들이다. 정부로부터 기본적인 치안 서비스를 얻기 위해 시민들은 비용을 투입한다. 그리고 사람들은 대부분 비슷한 수준의 치안을 구입한다. 나라별로 비교해보면 독일은 많은 경찰관을 고용하고, 일본과 한국은 그보다 적다. 인구당 살인 비율은 미국은 높은 반면에 일본은 낮다. 이 논리는 제대로 작동하지 않는 정부를 둔 사회에는 잘 적용되지 않는다. 독재정권이 경찰을 장악하고 있다면, 권력 유지에 경찰을 이용할 수도 있다. 반대로 정권이 경찰을 장악하지 못하면 경찰은 자신의 이익을 위해 권력을 사용할 수도 있다.

C는 「19세기 일본」이란 제목으로 막부 말기, 유신 이후의 일본 역사를 설명한다.

19세기 후반 미국 해군이 도쿠가와德川 막부에 항구를 열도록 압력을 가하자, 몇몇 영지[藩]의 군 장교들이 쿠데타로 정부를 전복시켰다. 명목상으로는 교토에 있던 천황에게 권력을 돌려줬기 때문에 메이지 유신으로 불리지만, 천황은 이전과 마찬가지로 명목상의 원수 그대로였다. 군 장교들은 하나의 군정을 무너뜨리고 자신들의 군정으로 대체한 것이다.

램지어 교수는 계속해서 메이지 정부의 행보를 서술한다.

그 후 20년 동안 새로운 지도자들은 그들의 권력을 공고히 했다. 민주주의 도입이나 자선단체 운영은 하지 않았다. 그들은 지배권을 자기 것으로 만들고, 그 노력에 대한 보수를 당당히 챙겼다. 안정과 번영을 제공하면 국내에서 시민들의 지지가 늘어나고, 외국의 위협을 억제하는 데 필요한 자원을 시민들이 제공한다는 것을 그들은 잘 알고 있었다.

　새 지도자는 권력을 공고히 하기 위해 군대를 창설했다. 1871년
에 경합하던 번藩을 폐지하고 그들의 군대를 해산시키기 위해 노
력했다. 이는 어려운 과정이었고, 1877년에 일어난 큰 내전을 거쳐
비로소 실현되었다. 이들 번의 군대에서 국군의 핵심이 형성되었
다. 장교들은 대부분 자기 고향 번에서 일반 병사를 확보하기 위해
1873년에 징병제를 도입했다.

　새로운 지도자들은 또 다른 지배 도구로 국가경찰을 창설했다.
1881년까지 그 기본 조직을 갖추었다. 그해 군대 내부 질서를 유
지하기 위해 헌병을 창설했다. 1910년에 몇몇 아나키스트와 사회
주의자들이 천황 암살을 기도하자, 국가 정치체제를 위협할 가능
성이 있는 그룹을 감시하기 위해 특고경찰을 창설했다.

위에 기록된 '1877년에 일어난 내전'은 세이난西南 전쟁을 말한다.

관동대지진 당시의 치안 유지

여기서 제2장 「보호와 약탈」로 넘어가, A에서는 「논리」가 제시된다.

　정부가 시민을 보호하는 조직을 창설하면 시민을 잡아먹는 조
직도 필연적으로 창설된다. 보호를 위한 조직의 기능 대부분은

포식하는 조직의 기능과 중복된다. 기능부전의 정부는 포식의 측면을 억제할 수 없다. 민간 치안 조직도 같은 문제를 안고 있다. 어떤 사람(또는 회사나 그룹)이 가족이나 재산을 지키기 위한 조직을 만든다면, 그 조직은 공공재를 제공하는 것이다. 범죄를 억제한다는 범위에서 다른 시민들에게 정正의 외부성(外部性, 어떤 개인이나 기업이 재화나 용역을 생산·소비·분배하는 과정에서, 대가를 주고받지 않은 채로 그 과정에 참여하지 않은 다른 개인이나 기업의 경제 활동이나 생활에 이익을 주거나 손해를 끼치는 것을 말한다. 이때 이익을 주는 긍정적 효과를 외부 경제, 손해를 끼치는 부정적 효과를 외부 불경제라고 한다—옮긴이)을 제공하게 된다.

이어서 램지어 교수는 호주의 민간 경비 산업이 범죄를 감소시킨 사례를 소개한다. 미국에서는 19세기 후반 노동자들의 파업을 막기 위해 민간 조직이 이용되었고, 20세기 초 금주법 시대에는 알코올 유통업자들이 공적인 경찰을 의지할 수 없어 그 공백을 메우는 민간 경비 서비스가 등장했다고 설명한다. B는 「기능부전의 정부」다.

민간 경비 서비스는 정부의 힘이 약한 사회에서 번영한다. 주민들은 자신과 가족을 지키기 위해 사람을 고용한다. 재산을 지키기 위해 사람을 고용한다. 계약을 실행하기 위해 사람을 고용한다. 경찰의 보호가 효과적으로 제공되는 상태라면 민간 경비 서비스는 필요하지 않을 것이다. 그러한 보호가 없어서 주민들은 스스로 사람을 고용하는 것이다.

그리고 그는 강력한 정부가 존재하지 않았던 19세기 시칠리아에서 마피아가 세력을 확장한 것을 예로 들고, 인구 5,700만 명의 남아프리카에서는 15만 2,000명의 공적 경찰 외에 8,700개의 경비 회사가 있으며 48만 9,000명이 고용되었다고 설명한다. 민간 경비 회사의 경영자 중에는 범죄자가 포함된 경우도 있으며, 정부가 기능부전 상태에서는 공적 권력을 가진 사람이 자신의 사적 이익을 위해 민간 경비 회사를 조종할 수 있다며 몰도바나 스와질란드 등의 사례를 들고 있다. C는 「1920년대의 일본」이다. 「1. 진재」에서는 이렇게 말한다.

1923년 관동대지진 때 일본의 젊은 남자들은 보호 활동과 약탈 활동을 동시에 행했다. 9월 1일에 발생한 리히터 규모 7.9의 힘은 건물을 붕괴시키고 주택을 파괴했다. 오전 11시 58분에 일어난 일로 많은 사람이 점심을 준비하고 있을 때였다. 목탄과 등유 난로는 엎어지고 가스관이 터지면서 목조 주택이 불타올랐다. 다가오던 태풍이 관동평야를 가로지르면서 불길에 부채질을 했다. 여진이 계속되고 화재는 사흘이나 이어졌다. 충격과 화재로 도쿄의

40퍼센트(29만 3,000가구)가 파괴되었고, 인구의 60퍼센트가 집을 잃었다. 가스, 수도, 전기, 운송 등 지진은 모든 것을 멈춰 세웠다. 관동평야 일대에서 10만 5,000명이 사망하거나 행방불명되었다. 도쿄에서는 7만 명이 사망했다. 조선인이 많이 살던 지역에서는 사망자 수가 유난히 많았다.

「2. 민간의 치안 유지」에서는 일본의 국내 사정을 설명한다.

일본은 전통적으로 지역의 공공 서비스를 위해 마을 사람들이 결속하는 일이 자주 있었다. 도쿠가와 시대의 정부는 공공재를 제대로 제공하지 못했기 때문에, 대부분 지역 사회에서는 마을 사람들의 결속이 믿고 의지할 수 있는 공공 서비스를 대체했다. 그들은 함께 불을 끄고 제방을 수리했으며, 지역 축제를 개최했다.

지진 직후에 많은 남성이 그런 역할을 담당하는 집단을 신속하게 조직했다. 경찰은 지역을 관리할 수 없었다. 도시가 대부분 붕괴되는 바람에 경찰은 인력 부족에 빠졌다. 정부는 인근 지역의 경찰과 군대를 투입하려 했으나 곧바로 도착하지 못했다.

이런 혼란에 직면하여 도쿄에서는 약 1,600개, 인접한 가나가와에서는 600개의 민간 집단이 폭넓은 서비스를 제공했다. 식량과 필수품을 배포하고 시체를 치우고 다리와 도로, 수도를 수리했다.

지역 집단은 조선인을 살해하기도 했다. 지진 후 불과 3시간 뒤 도쿄와 가나가와의 생존자들 사이에 조선인 폭도가 덮친다는 소문이 돌기 시작했다. 사람들은 조선인들이 건물에 불을 질렀다고 말했다. 폭탄을 설치하고 우물에 독을 뿌렸으며, 사람을 죽이고 약탈하고 여성을 강간했다는 소문을 퍼뜨렸다.

지진 재해로 치안을 유지하기 위한 공적인 조직이 기능부전에 빠졌고, 이를 보완하기 위해 민간 집단이 활동했다는 논리를 전개하는 것이다. '민간 집단'이나 '지역 집단'이란 지역 주민에 의한 '자경단'을 말하는 것 같다. 이하에서는 '자경단'으로 통일하겠다.

신문 보도를 논거로

그 재해 지역에서 무슨 일이 있었는지는 신문 보도를 통해 다음과 같이 설명한다.

무장한 조선인들이 테러 공격 계획을 앞당겼다고 신문은 보도했다. 일본은 1910년에 한국을 병합했고, 1919년 이후 조선인 활동가들은 반격을 시작했다. 이 문맥을 바탕으로, 예를 들어 《가호쿠신보》는 폭탄을 가지고 있다가 붙잡힌 조선인의 자백을 보도한다(가호쿠 1923b, 1923e). 그해 가을로 예정된 황태자(이후의 쇼와 천황)

의 결혼식에 맞추어 대규모 테러 공격을 계획하고 있다고 말했다. 지진을 계기로 그들은 그 계획을 가속화시켰다.

인용된 《가호쿠신보》의 기사는 어떤 내용일까? 논문 말미의 출처를 확인하면 둘 다 1923년 9월 6일에 실린 기사다. 「가호쿠 1923b」는 「Dokan de ikita san mannin [Thirty Thousand living in Pipes]」, 「가호쿠 1923e」는 「Hakodate un 'yu jimusho Tsubouchi Naofumi shi den [Comment of Naofumi Tsubouchi of the Hakodate Transport office]」라는 기사라고 표시되어 있는데, 어떤 내용인지는 군이 상상할 필요가 없다. 조사해야 할 자료는 「가호쿠 1923b」 같은 기록이니 앞으로 나아가기로 한다.

논문은 조선인의 파괴 활동과 그에 대한 일본인의 활동에 대한 설명이 이어진다.

조선인 활동가들은 주로 조선에서 활동했다. 그러나 당시 그들의 활동은 확실히 일본에까지 이르고 있었다. 조선인의 파괴 활동에 대한 소문을 듣자, 자경단은 관동평야에서 조선인 폭도를 찾기 시작했다. 그 과정에서 그들은 많은 조선인을 죽였다. 파괴 활동가든 아니든. 그들은 조선인으로 오인하여 일본인도 죽였다.

경찰은 처음에는 조선인의 파괴 활동을 걱정했지만, 곧바로 민간의 자경단이 더 큰 문제라고 결론지었다. 경찰은 당초 조선인을 조심하라고 주민들에게 경고했는데, 이는 곧 조선인을 위험한 자경단으로부터 보호하는 것으로 바뀌었다. 수도권 일대에서 조선인을 보호 구역에 모았다. 그 수는 지바현 나라시노시에서만 3,000명에 달했다.

2
조선인 범죄의 검토

조선인 범죄의 규모 추정

램지어 교수는 「3. 퍼즐」에서 풀어야 할 문제가 무엇인지 제시한다.

> 퍼즐은 이것이 일어났는지 아닌지가 아니다. 어느 정도의 규모
> 로 일어났는가다. 구체적으로는 (a) 지진의 혼란 속에서 조선인은
> 얼마나 폭넓게 범죄를 저질렀는지, 그리고 (b) 자경단은 실제로 몇
> 명의 조선인을 죽였는지에 대한 것이다.

이 말은 지진 후 조선인이 저지른 범죄는 실제로 있었다는 게 전제
이며, 그리고 밝혀야 할 것은 그 조선인 범죄의 규모와 자경단이 죽인
조선인의 수라는 생각이다. 그리하여 그는 「(a) 조선인의 범죄?—상황」
으로 이를 제시한다. "기묘하게도 역사가들은 조선인 범죄에 대한 소
문을 기정사실로 다루지 않는다"라며 다음과 같이 말한다.

> 기묘하게도 인구통계학적 관점이나 정치적 상황으로 볼 때 그
> 런 이야기가 전부 가공된 것이라고 볼 수는 없다. 1923년 당시의

재일조선인 중에는 이상하게도 여성보다 남성이 더 많았다. 1920년(국세 조사의 해)에는 4만 1,000명의 조선인이 일본에 살고 있었는데, 그 가운데 3만 6,000명이 남성이었다. 게다가 그들은 대부분 젊었다. 3만 6,000명의 남성 중 5,300명이 15~19세, 1만 1,500명이 20~24세, 8,400명이 25~29세, 5,000명이 30~34세, 불과 2,100명이 35~39세였다.

젊은 남성은 전 세계 어디서나 범죄율이 높은 인구 집단이고, 젊은 조선인은 일본에서 범죄율이 높은 집단이었다. 1923년에 경찰이 조사한 인구 10만 명당 형법 위반자는 일본 남성은 191명이었고, 조선에 사는 조선 남성은 75명, 재일조선인은 542명이었다.

젊은이가 많았기 때문에 범죄가 많았다는 논리다. 이 논리를 어떻게 생각해야 할지 판단할 길이 없다. 그렇다 하더라도 하버드대학 교수가 케임브리지대학 출판국에서 출간하려는 법학 논문이다. 어떤 뒷배가 있을지 모른다는 생각마저 든다. 이어서 일본의 지배에 저항하는 조선인들의 활동을 다음과 같이 설명한다.

1920년대 초까지 조선인 과격파는 계획성 없는 반일 저항 운동을 시작했다. 1919년 3월 1일 이후 몇 주 동안 많은 조선인이 거리로 나와 대규모 항일 운동을 전개했다. 그리고 한 달 뒤쯤 조선의 지도자를 자칭하는 자들이 상하이에서 망명정부를 조직했다.

반일 조선인 중 무장파는 대부분 테러리스트나 파괴 활동 조직에 편입됐다. 이들은 베이징 등 여러 곳에서 활동하며 일본에 대항한 폭탄 공격이나 테러 공격을 획책했다. 이들의 공격은 대부분 한반도에서 이루어졌으나 한반도가 아닌 지역도 있었다.

1920년에 조선인 무장파는 일본에서 조선의 왕세자를 죽이려 했다. 그들은 왕세자가 너무 친일적이라고 생각하여 왕세자의 부인이 될 일본인, 그리고 심지어 일본인 조선 총독도 암살하려고 계획했다. 경찰은 이 세 가지 암살 계획을 모두 저지했다. 하지만 1921년에 조선의 암살자는 도쿄에서 민원식을 살해하는 데 성공했다. 언론인이자 정치인 민원식은 조선인의 권리를 주장했지만, 조선의 과격파는 그가 너무 온건하다고 생각했다. 1922년에 조선인 무장파는 상하이에서 일본군 장군(이후 수상이 됨) 다나카 기이치田中義一를 암살하려고 했다.

지진 발생 몇 주 전에 조선인 아나키스트 박열과 그의 일본인 애인 가네코 후미코金子文子는 분명히 일본 천황을 죽이려 기도했다(이 혐의에 이의를 제기하는 역사가도 있다). 일본의 아나키스트는 실제로 1923년 12월에 황태자(이후 쇼와 천황)를 쐈다(죽이지 못했다). 9월 3일에 경찰은 박열과 가네코를 체포했고 최종적으로는 대역죄로 기소했다.

지진 재해에 앞서 조선인에 의한 불온한 활동이 계속되었다는 설명이다. 이어 지진 재해에 대한 조선 사람들의 반응을 소개한다.

지진 재해 몇 시간 후 시내 각지에서 발생한 화재에 대해 조선 인 좌파들은 자신들의 성과라고 말했다. 상하이에서 그들은 지진 재해에 기뻐하고 있었다. 반사회적 조선인에 의한 폭력에 대해서는 '그럴 수 있는 일'이라고 말했다고 조선총독부는 보고했다(조선총독부 1923a).

조선에서 좌파가 솔직하게 공적을 주장했다는 내용이 조선총독 부 기록에 다음과 같이 남아 있다(조선총독부 1923b). "공산주의 를 신봉하는 사람들은 화재 피해 중 지진이 원인이 된 화재는 실 제로 적었다는 사실을 알고 있었다. 그들과 같은 사상의 소유자가 혁명을 위해 불을 지른 것이라고 설명하며 영웅적인 업적을 기뻐 하고 그들이 참여할 기회를 기다리고 있었다."

보도에서 공적 문서까지

이어지는 글에 「The reports」라는 제목이 있다. 신문 보도를 말하 나 했더니 거기에 그치지 않고 정부 문서도 포함되어 있다. "신문은 조 선인 범죄에 대해 폭넓게 목격 증언을 보도했다. 그들은 옐로저널리즘 의 세계에서 경쟁하고 있었다"며 구체적인 사례를 제시했다.

9월 3일에 《오사카 아사히신문》은 조선인 폭도들이 집집마다 방화하면서 요코하마에서 도쿄로 향하고 있다고 보도했다(아사히 1923b). 9월 4일에는 조선인 폭도들이 거리를 누빌 때 폭발물과 석유(아마도 등유)를 실어 나르고 있었다고 보도했다(아사히 1923c). 나고야의 한 신문은 몇몇 조선인이 체포되었을 때 열차를 폭파할 계획을 자백했다고 보도했다(나고야 1923). 《도쿄 니치니치신문》은 조선인의 방화, 다이너마이트에 의한 폭파 그리고 일반 폭행에 대해 직접 얻은 정보를 상세히 보도했다(도쿄 니치니치 1923).

이뿐만 아니라 센다이의 《가호쿠신보》의 기사를 소개한다.

"지진은 거리의 가스관을 터뜨렸다. 그러자 조선인 집단이 거리에 흩어져 가스에 불을 질러 120곳 이상에서 화재가 일어났다. 어떤 곳에서 그들은 폭탄을 던졌고, 재해 후에는 우물에 독을 뿌렸다."(가호쿠 1923c)

"일부 도쿄 주민은 고故 야마가타 아리토모山県有朋 총리의 저택으로 피난했다. 그러나 조선인들이 우물에 독을 뿌리는 바람에 마실 물이 없었다."(가호쿠 1923a)

'옐로저널리즘yellow journalism'이란 팔리면 된다는 식의 흥미 위주의 보도 행태를 말한다. 일본 신문들은 의심스러워 믿을 수 없지만, 조선인의 범죄를 보도한 곳이 많고 그것도 전국에 걸쳐 일어나고 있다고 예시를 들고 있다. 과연 어떤 기사일까 하는 의문은 들지만, 권말의 출처를 봐도 앞서 제시한 것과 같은 형태로 표기되어 있을 뿐이어서 그 내용은 알 수 없다.

여기에 덧붙여 램지어 교수는 공적인 문서를 논거로 제시한다. 일본 정부는 최종적으로 "그것은 소문 정도의 규모가 아니었다"고 결론 내린 뒤, 조선인에 의한 약탈, 방화, 강간, 독 살포 등의 소문에는 "근저에 사실이 있다"며 조선총독부의 기록을 먼저 제시했다. 이어 그는 사법성의 수사 기록을 토대로 다음과 같이 설명한다.

지진 재해 이후 5일 동안 도쿄에서는 139건의 화재가 발생했다. 그중 8건은 방화가 원인이었고, 3건은 분명히 조선인에 의한 방화였다. 또 9월 1일부터 3일 사이 2건의 살인, 4건의 살인 시도와 계획, 6건의 강도, 3건의 강간, 17건의 절도, 3건의 횡령, 4건의 폭발물 규칙 위반을 조선인이 저질렀다고 법무성은 결론지었다. 우물에 독을 뿌리려다 들킨 조선인 1명, 폭탄을 옮기려 한 조선인 5명도 발견됐다.

램지어 교수는 여기에 더해 범죄 집계 숫자가 의심스럽다는 것을 다음과 같은 설명으로 보여준다.

종말론적인 소문에 비하면 매우 적은 숫자다. 그러나 경찰 인력이 결정적으로 부족했다는 점에 유의해야 한다. 화재로 시설을 잃고 인력도 잃은 상황에서 검증 불가능한 구두 주장을 수사하는 것 외에도 할 일이 매우 많았다. 도처에서 집이 불타고 있었다. 살아남은 사람들은 식량과 의약품이 필요했다. 집이 불에 탄 원인이 조리 때문인지, 방화인지를 판단할 자원도, 시간도 경찰관에게는 없었다. 방화를 의심한다 해도 누가 불을 질렀는지 알 방도가 없었다. 당시 혼란을 생각하면 어쩔 수 없는 일이었다. 많은 범죄가 해결되지 않았고 범죄의 대부분은 추궁당하지 않았을 것이다.

학살된 인원수

다음은 「(b) 일본인의 학살?—추계」인데, 여기부터 두 번째 퍼즐이 시작된다. 먼저 학살당한 조선인의 수에 대해서는 다양한 견해가 있음을 설명한다.

자경단에 의해 학살된 조선인의 수를 둘러싸고 몇 가지 추계가 있다.

첫째는 저명한 대학교수이자 민주 운동가인 요시노 사쿠조吉野作造의 추계다. 이것은 요시노가 스스로 조사한 것이 아니라 조선인 집단이 조사한 것으로, 이 집단은 사망자를 2,613명으로 추산했다. 이것이 일본에서 가장 잘 알려진 추계이며 연구자들이 가장 많이 인용하는 숫자다.

둘째는 조선을 거점으로 한 무력 투쟁파가 1924년에 간행한 팸플릿 자료인데, 여기에는 사망자 수를 3,680명으로 기록한다.

셋째는 상하이를 거점으로 한 적의에 찬 조선인 망명정부가 1923년 12월에 정리한 것으로, 일본에서 받은 연락을 기초로 추산해 6,661명이다. 6,000명에서 7,000명 사이의 숫자는 이것뿐이며, 구미 연구자가 6,000명이라고 주장할 때는 이 숫자에 기초한다. 그런데 유의할 것은 반년 후 같은 망명정부가 구미 정부에 보낸 공개서한에는 자경단이 3,655명을 죽였다고 적었다는 점이다.

마지막으로 이름을 알 수 없는 조선인 무장파가 1924년 3월에 쓴 것으로, 자경단이 2만 3,059명을 죽였다고 추산한다.

또한 램지어 교수는 「영어 사용 연구자에 관하여」라는 코너를 마련했다. 그는 "연구자들이 영어로 쓴 것은 폭넓은 숫자를 인용한다. 그 숫자를 왜 선택했는지에 대한 설명은 드물지만, 적은 숫자가 아니라 항상 많은 숫자를 선택하는 것 같다"며 6,000명대 숫자를 인용한 연구자, 1만 명으로 하는 인류학자, 2만 명으로 시사하는 견해 등을 소개한다.

선정주의 신문

이제부터 다시 신문이 등장한다.

조선인 범죄의 횡행을 보도한 선정주의 신문이 일본인이 행한 많은 학살도 마찬가지로 보도한다. 한 세기가 지난 오늘날 어느 쪽이 더 정확한지 따질 근거는 거의 없다. 10월 20일《오사카 아사히신문》은 두 가지 주장을 동시에 보도한다. 하나는 조선인에 의한 약탈과 건물 방화, 그리고 누구를 막론하고 진로를 막은 자에 대한 폭행과 살인이다(아사히 1923d). 두 번째는 일본인 자경단이 노동자와 남녀 학생 등 120명의 조선인을 학살했다고 보도한 것이다(아사히 1923a).

그런 보도는 넘쳐났다.《호쿠리쿠타임스》는 이송하기 위해 붙잡혀 있던 58명의 조선인을 자경단이 죽였다(호쿠리쿠 1923)고 했고,《가호쿠신보》는 이송 중인 조선인을 젊은 남자 집단이 학살했다(가호쿠 1923d)고 전했다.《요미우리신문》은 살해된 조선인이 선로에 방치되었고, 불에 타 바다에 던져진 조선인이 있었다고 보도했다(요미우리 1923).《야마토신문》은 학살당한 조선인의 부패한 사체

수백 구가 해안가에 떠올랐다고 보도했다(그것이 조선인 사체인지 어떻게 알았는지 매우 의심스럽다)(야마토 1924).

자경단에 의한 학살이 잔학했다고 보도되고 있지만, 램지어 교수는 일본 신문의 선정주의 때문이라는 견해인 것 같다.

추계를 둘러싼 문제

이 기사를 기반으로 램지어 교수는 다음과 같은 논리를 전개한다.

조선인 폭거의 범위를 특정하려고 해도 증거가 부족하다는 고민은, 그 보복인 자경단의 조선인 살인 범위를 특정하기도 어렵게 만든다. 지진과 화재로 10만 명이 목숨을 잃었다. 어디를 가도 사체 더미뿐이었고, 게다가 상당수는 심하게 손상된 상태였다. 위생이라는 명백한 이유로 시민, 경찰 그리고 정부 관리들은 사체를 가능한 한 빨리 화장시켰다. 사체를 묻기 전에 살해됐는지, 불에 탔는지 조사할 시간이 없었다. 일본인과 조선인의 젊은 남자는 비슷해 보여서 사체만으로는 일본인인지 조선인인지를 판단할 수 있는 사람은 없었다.

살해된 조선인의 수를 계산하는 것은 조선인 폭거의 범위를 계산하는 것과 거의 같은 작업이었다. 그 숫자는 소문을 듣고 그 신뢰성을 자의적으로 판단하여 수치를 더한 것을 포함했다. 20세기 초 일본 신문은 선정주의 그 자체였다. 그들은 조선인의 상궤常軌를 벗어난 무서운 이야기와 동시에 일본인들의 섬뜩한 보복 이야기를 보도했다.

현지에 나간 특파원이 시신의 숫자를 파악하려 해도 시신 상당수는 이미 화장되었다. 따라서 이미 상황이 끝난 뒤 소문에 의지해 사망자 수를 집계해야 했다. 그 수치를 계산하려면, 요시노 사쿠조의 정보원들은 가까이는 관동평야 일대 75개소의 추계를 그에게 알려주었고, 멀리는 가루이자와까지 그 과정이 이루어졌다. 예를 들어, 정보들은 보통 아사쿠사 공원에서 3명이 살해되었다는 비교적 정확한 내용으로 시작되지만, 이후 가나가와 철교에서 발생한 사망자 500명처럼 의심스러운 부분도 있었다. 요시노는 그런 숫자를 합해 2,613명이라는 숫자를 내놓았다.

팸플릿을 출간한 조선인 혁명운동가들도 마찬가지다. 아오야마에서는 2명의 희생자를 더했을 뿐이지만, 하네다에서 희생된 사람은 무려 2,000명이나 됐다. 그들이 정리한 인원은(가나가와 철교에 대한 언급이 없는데도) 3,680명이었다.

상하이 임시정부는 일본 활동가에게 받은 정보를 정리한다. 여기 1명, 저기 3명, 게다가 요시노의 계산에도 들어간 가나가와 철교 500명과 같은 계산 방식이지만, 조선인 혁명운동가(팸플릿 출간)가 추가했던 하네다는 포함되지 않은 총계 4,447명이었다. 그러나 임시정부 특파원들은 또 하나의 조사팀(같은 지역 안에도 있었다)을 활용했다. 두 팀의 수를 더해서(중복되지 않았는지 점검한 명확한 흔적은 없다) 도달한 것이 6,661명이라는 숫자다. 또 임시정부는 다음 해에 3,665명이라는 사망자 수를 구미 제국에 제시했다는 것을 주목할 필요가 있다. 이 조사에는 하네다의 사망자로 1,962명을 포함시켰다.

램지어 교수는 신문이 자경단에 의한 학살을 자주 보도했는데, 이는 자극적인 이야기로 사람들의 이목을 끌려는 목적이었다고 생각하는 듯하다. 애당초 살해된 사람을 특정하는 것은 불가능한 상황이기 때문에 지금까지 말해 온 인원수는 신뢰할 수 없다고 지적한 것이다.

"2명보다 많고 1만 명보다는 적다"

정부의 견해는 어떠했을까? 램지어 교수는 이렇게 설명한다.

사법성은 살해되었다고 판명된 조선인의 수를 집계했다. 1923년 11월의 일이다. 도쿄 광역권에서 231명의 조선인 살해가 확인되었고 59명의 일본인이 조선인으로 오인되어 살해되었다고 밝혔다. 이 살인 사건으로 325명의 일본인이 기소됐다. 경찰은 그해 12월에 수도권에서 422명이 살해되었다고 보고한 바 있다.

어떤 설에 따르면, 일본인 자경단에게 살해당한 조선인을 3,000명으로 조선총독부는 추계했다. 다른 설에서는 여러 가지 이유로 사망한 조선인 합계는 832명으로, 그 가운데 자경단에 의한 것은

20~30퍼센트라고 말했다. 이에 따르면, 사망자 수는 170명에서 250명의 범위가 된다.

이어지는 (c)는 「일본인 학살?―그 범위」라고 제목을 붙였다. 여러 숫자 가운데 어느 범위가 타당한지에 대한 검토가 시작된다. 1924년에 한 변호사가 "그건 2명보다 많고 1만 명보다는 적다. 확실한 건 이것뿐이다"라고 기록했다고 소개한 다음, 그는 아래와 같이 말한다.

아이러니하지만 그 변호사의 접근은 옳았다. 추계라 칭하는 이런 다양한 숫자는 정보를 제공하지 않는다. 그것들은 추계라고 할 수 없다. 9월의 시작, 그것은 경험해본 적이 없는 혼란의 나날이었다. 집이 무너지고 불길에 둘러싸여 사람들이 죽어갔다. 오랜 숙적들은 그 혼란을 이용하려 했고, 약탈자들은 호기로 삼았다. 방화, 독 살포, 약탈, 강간, 살인에 책임이 있다고 일본인 자경단이 생각하고 죽였기 때문에 사상자가 나왔다. 추계를 정리한 사람들(요시노 사쿠조처럼)은 주위 들은 풍문을 덧붙였다. 그뿐만 아니라 (상하이 임시정부처럼) 풍문은 여러 차례 추가되어 퍼져나갔다.

학살된 사망자의 최소 인원은 "앞서 제시한 변호사의 말처럼, 연구자가 할 수 있는 최선의 방법은 신뢰할 수 있는 범위에서 계산하는 것이다. 최소 숫자는 간단하다. 1923년 12월에 경찰이 살해당한 조선인의 수를 400명으로 보고했다. 따라서 자경단이 적어도 400명의 조선인을 살해했다고 합리적으로 확신할 수 있다"고 추계한다. 최대 인원에 대해서는 다양한 수치를 이용한다.

최대치는 꽤 어렵다. 지진 발생 당시 수도권의 조선인 수부터 살펴보자. 지진 재해에 대해 가장 주의 깊게 연구해온 역사학자 야마다 쇼지山田昭次는 1923년 도쿄에는 8,600명, 가나가와에는 3,600명, 그 밖의 지역에 1,900명의 조선인이 살고 있었다고 말한다. 이를 합하여 1만 4,100명이 관동평야의 조선인 총수가 된다. 조선총독부의 추계는 도쿄시에 9,000명이었고, 일본 정부의 기록에 의하면 수도권에 살던 조선인의 수는 1만 명이었다.

조선인 중에서 일부는 학생인데, 조선총독부는 도쿄에 살던 조선인 학생을 3,000명으로 파악했고, 《동아일보》는 2,000명으로 추정했다. 9월 1일, 아직 여름방학이어서 학생이 도쿄에 머물던 경우는 적었다. 조선총독부는 지진 재해 당시 도쿄에 있던 조선인 학생의 수를 1,200명에서 1,300명으로 파악했다. 《동아일보》는 1,600명이라고 했다.

조선인들도 대부분 지진과 화재로 숨졌다. 총독부에 따르면 약 4,000명의 조선인 노동자가 혼조구와 후카가와구에 살고 있었다.

혼조구는 피해가 심해 25만 6,000명의 인구 중 4만 8,000명에서 5만 1,000명이 사망했다. 4,000명이라는 조선인의 인구로 따지면 사망자 수는 대략 790명이 된다. 이 숫자는 총독부가 정리한 832명이라는 숫자와 거의 일치한다는 점을 유념할 필요가 있다.

자경단에 의한 살해 소문이 퍼지기 시작하자 육군과 경찰은 조선인을 보호 구속했지만, 그 숫자는 명확하지 않다. 일본 정부는 많은 조선인이 귀국할 수 있도록 도왔다. 해군의 보고에 따르면 조선 남부에 도착한 피난민의 수를 6,000명으로 기록한다. 조선총독부는 자료에 따라 다양하지만, 그 수를 5,700명 또는 7,200명으로 파악한다.

결론은, "400명보다 많고 5,100명보다 적다"

조금 단순하게 생각해보자. 수도권에 살던 조선인이 1만 4,100명이었다면 그중 1,000명의 학생은 여름방학으로 아직 고향에 있었고 800명의 조선인이 불에 타 죽었다. 나머지는 1만 2,300명이 된다. 이 가운데 귀국한 사람이 5,700명이었다면, 관동평야에 남은 조선인 전원이 살해되었다고 하더라도 6,600명이 된다. 그런데 경찰은 조선인을 구속하고 있으며, 그 수는 사법성의 집계에 따르면 1만 6,200명 정도에 이른다. 분명한 것은 자경단이 조선인 전원을 죽이지 못했다는 것이다. 그러므로 살해되었을 가능성이 있는 인원의 범위는 곧 제로에서 6,600명 사이일 것이다.

논문은 학살자 수에 대한 검토를 계속 이어간다.

이 숫자의 신뢰성을 생각해보자. 첫째, 야마다 쇼지는 오랫동안 이 문제를 연구했고, 학술적으로 인정받기 때문에 보통 수도권의 조선인 수는 일본 정부가 제시하는 1만 명이 아니라 1만 4,100명이라는 야마다의 숫자를 사용한다. 둘째, 정부가 제시한 피난민이 적은 편의 숫자는 1923년의 데이터이며, 일반적으로 1924년을 포함하여 7,200명의 총독부 숫자를 채용한다. 셋째, 보호 구속된 조선인 수는 기록물의 거의 중간값으로 보면 7,200명 정도다.

1만 4,100명의 조선인 중에서 여름방학 중인 1,000명의 학생을 빼고 800명이 불타 죽었다. 그러면 희생될 가능성이 있는 사람은 1만 2,300명이 된다.

앞서 제시한 숫자로는 구속된 조선인 수와 귀국한 조선인 수는 모두 7,200명이다. 구속한 조선인에게 일본 정부가 귀국을 종용했다는 구도가 떠오른다. 따라서 (a) 희생자가 될 가능성이 있던 1만 2,300명으로부터 (b) 보호받아 조선으로 송환된 7,200명을 제하면 나머지는 5,100명이 된다. 만일 자경단이 귀국하지 않은 수도권 거주 조선인을 모두 특정해 살해했다면 5,100명을 죽인 셈이다.

정부는 자경단에 의한 희생자를 400명으로 추정한다. 당시의 혼란스러운 상황을 감안할 때, 정부가 모든 또는 대부분의 희생자를 확인했다고 보기는 어렵다. 같은 이유로 보호받지 못한 모든 조선인을 자경단이 찾아낼 수 있었다고 볼 수도 없고, 모든 조선인이 귀국을 원했다고 볼 수도 없다. 그러면 400명보다는 훨씬 많지만 5,100명보다는 훨씬 적은 범위가 된다.

학살된 사람의 수를 놓고는 지금까지도 다양한 견해와 해석이 제시되었다. 이 책의 주제에서 벗어나기에 굳이 파고들지 않았지만, 최근 출간된 책으로 논픽션 작가 가토 나오키加藤直樹의 『트릭—「조선인 학살」을 없었던 것으로 하고 싶은 사람들トリック―「朝鮮人虐殺」をなかったことにしたい人たち』에 상세한 내용이 담겨 있다. 관심 있는 분들은 그 책을 참고하면 좋겠다.

3
전후 일본의 경비 산업

전후 조선인 폭동 강조

논문의 「4. 추기」는 제2차 세계대전에서 일본이 패한 후의 조선인의 동향이 주요 내용이다.

지진 재해 30년 뒤 아이러니하게도 재일조선인은 실제로 저항과 테러 조직 운동을 개시한다. 1923년의 과장된 소문은 30년 뒤에 현실이 되기 시작한다. 1945년 8월 종전 때 일본에는 190만 명의 조선인이 있었다. 대부분 조선으로 귀국을 원했고, 그해 마지막 녁 달 동안 매달 10만 명에서 20만 명 사이의 조선인이 일본을 떠났다. 그들은 압도적으로 한반도의 남단 출신이 많았고 그곳으로 되돌아간 것이다.

세월이 흐르면서 일본은 꾸준히 성장해갔지만, 한국은 혼란 상태에 빠졌다. 김일성이 북부를 지배하고 잔인한 것으로 알려진 일족의 왕조가 시작됐다. 남부에서는 열렬한 반공주의자인 이승만이 꾸준히 지배를 강화했다. 그의 통치도 잔인했다. 제주도(많은 재일조선인은 이 섬에서 왔다)에서 1948년부터 1949년에 걸쳐 이승만의 군대는 1만 4,000명에서 3만 명의 공산주의자와 그 의심자를 학살했다.

일본은 부흥하고 조선은 혼란스러웠기에 재일조선인들의 출국 기세가 약해졌다. 일본을 떠날 예정이었던 사람들의 상당수는 이주를 보류했다. 귀국한 조선인 중에는 생각을 바꾼 사람도 있었다. 일본을 떠난 이상 합법적으로 돌아갈 수는 없었다. 그래서 작은 배를 빌려 한밤중에 밀항하기도 했다.

그 결과, 일본에서 남조선으로의 첫 이동과 남조선에서 일본으로의 불법 귀환이라는 반복된 사람들의 이동이 전후 재일조선인 사회의 정치를 형성했다. 자본가 또는 비정치적인 조선인들은 이승만의 정책을 좋게 생각하지 않았지만, 극좌익처럼 상처를 입지는 않았다. 공산주의자 조선인은 자본가나 비정치적인 조선인과 달리 일본에 머무르거나 조선에 돌아갈 필연적인 이유가 있었다.

전후, 얼마 되지 않은 재일조선인 사회에서 가장 중요한 역할을 한 사람이 김천해다. 전쟁 중에는 정치범으로 일본 형무소에 갇혔던 김천해는 1945년 10월에 석방되고 나서 조선인들을 모아 조직을 결성하기 시작했다. 그렇게 재일조선인 사회의 지도자들이 모여 '재일본조선인연맹在日本朝鮮人連盟'이 결성되자, 김천해는 최고 고문에 취임해 지도부에서 비공산주의자를 일소하고, 연맹을 일본 공산당의 지휘 아래 두었다.

재일조선인들은 곧장 폭력을 행사했다. 경찰 집계에 따르면, 1946년에 5만 명의 조선인에 의해 5,000건의 폭력 사건이 있었고, 일본의 정부 기관이나 경찰에 행한 폭력 사건도 발생했다. 한동안 폭력은 진정되었으나, 1949년에 다시 발생했다. 경찰에 따르면, 이때 2만 명의 조선인이 폭력 사건에 연루되었다고 한다.

1950년 조선인의 폭력은 정치적으로 방향을 전환했다. 1월에는 스탈린이 일본 공산당의 평화적 노선을 강하게 비판했고, 6월에는 북한군이 남쪽을 침공했다. 비합법화된 일본 공산당은 지하로 숨어들어 수년에 걸쳐 테러와 파괴 활동에 나섰다. 그 전선에 일본 공산당은 재일조선인들을 이용했다.

사실상 일본 공산당과 그 동맹자인 조선인은 일본 내에서 한국전쟁 전선을 결성했다. 조선인들은 자위 명목으로 조직을 만들어 '조국방위위원회祖國防衛委員會'라고 명명하고 몰래 일본에 잠입한 북한군의 지휘 아래 훈련을 받았다.

조국방위위원회는 테러리즘과 파괴 활동을 접목했다. 그들은 경찰서를 폭파했고, 정부 기관을 공격했으며, 화염병으로 차에 불을 질렀다. 미군 시설과 사람들도 공격했다. 그리고 한국전쟁을 위한 군수품의 생산과 수송을 방해했다.

관동대지진이 일어나고 30여 년 뒤 패전으로 일본이 혼란을 겪는

동안 일본에서 조선인들이 위험한 활동에 나섰다고 설명하는 내용이다.

민간 경비 산업의 발전

이제 제3장으로 넘어간다. 여기에 내걸린 테마는 「정상재로서의 치안」이며, 일본의 민간 경비 산업의 소개가 시작된다.

우선 A 「논리」는 치안이 공공재인 동시에 정상재이기도 하고, 요구하는 수준은 개인마다 다르다는 것을 설명한다. 오늘날 민주주의 국가에서 공공의 치안은 기본적인 수준의 서비스를 제공하고, 그 이상은 부유한 시민들이 스스로 추가 치안을 구입한다. 정상재란 소득이 늘면 소비가 늘어나는 종류의 재화이지만, 치안도 다른 정상재와 다를 바 없다고 설명한다. 이어 D 「일본의 민간 경찰」을 소개한다.

오늘날 일본에는 25만여 명의 경찰관이 있지만, 부유한 나라에 걸맞게 경비 산업이 발달하여 2016년 시점에 9,400개의 민간 기업이 54만 3,000명을 고용하고 있다. 이들 기업은 주로 교통정리와 가정이나 상업시설에서 보안 서비스를 제공한다.

최대 규모의 경비회사는 세콤으로 매출액이 9,710억 엔(2019년 5월 현재)이고, 종업원 수는 5만 4,600명을 자랑한다. 다음으로 큰 기업은 알속ALSOK으로 매출액은 4,360억 엔, 종업원은 3만

7,500명이다. 그밖의 일반적인 일본의 경비회사는 대부분 영세하다. 2016년의 시점에서 종업원 1,000명 이상의 회사는 49개에 불과하고, 2,300개의 회사는 종업원이 1~5명의 수준이다.

이 업계는 예정보다 빠르게 은퇴한 고령의 남성에게 저임금이지만 비교적 손쉬운 일자리를 제공한다. 2016년의 집계로는 일본의 경비원 중 약 11만 명이 50대로 가장 많은 연령대였다. 경비원 중에서 가장 눈에 띄는 것은 건설 현장에서 교통정리를 하는 사람들이다. 또한 교차로에서 초등학생의 안전관리를 담당하며 할아버지다운 농담을 하거나 집에 조심히 가라고 말하는 사람도 있다.

일본 소비자는 물론 자기 집을 위해 개별적으로 경비원을 고용할 수 있지만 대부분은 고용하지 않는다. 일본 중산층의 상당수는 사람 대신 경보장치 서비스를 계약한다. 세콤이나 알속 등의 눈에 띄는 간판을 내걸고 경보장치를 보안 서비스에 접속하는 것이다.

현대 일본 보안업계의 성장은 범죄 증가 추이와 일치한다. 1990년대에는 특히 절도 범죄가 급증했다. 1992년에 174만 건이던 형법범(주로 절도)이 2002년에는 285만 건에 달했다. 1992년 29만 1,000명이던 민간 경비회사의 종업원 수는 2002년에는 43만 7,000명이 되었다. 2002년을 정점으로 범죄는 감소세로 돌아서 2007년 형법 위반은 191만 건, 2017년 91만 5,000건으로 줄었다. 하지만 경비에 대한 민간투자는 고공 행진하고 있으며,

2007년 49만 4,000명이던 민간 경비회사의 고용은 2016년 54만 3,000명이 되었다.

여기에 「2. 범죄적 중첩」이라는 항목을 마련해 미국 마피아와 마찬가지로 경비업과 범죄가 서로 겹칠 수 있다는 사실을 설명한다. 우선 등장하는 것은 미소라 히바리美空ひばり다.

미소라 히바리는 20세기 후반 일본에서 가장 인기 있던 가수다. 노래로 일본 전국을 순회했지만, 당시 가수 생활은 불안정했다. 지방 마을에서의 흥행은 지역 깡패들이 관리하는 경우가 많아 연예인들에게 보호세를 요구했다.

1948년 미소라의 부모는 11살의 딸을 데리고 나중에 일본 최대의 폭력단이 된 야마구치구미山口組의 보스 다오카 가즈오田岡一雄를 만나러 갔다. 야마구치구미는 일본의 하층 계급인 부락민들에서 많은 인재를 끌어모으고 있었다. 미소라 자신도 부락민 출신으로 알려져 있고 동생도 결국 야마구치구미에 가입했다. 다오카는 미소라가 마음에 들어 그녀를 비호하게 되었고, 이후 미소라는 야마구치구미의 호위를 받으며 가수 생활을 이어나갔다.

야마구치구미는 고베시의 상점가 건설에서 경비 서비스를 도급받았다. 그러나 일본에서는 보호와 강요의 선 긋기가 애매했고, 결국 다오카는 공갈죄로 유죄가 선고됐다.

이어 소개된 것은 1960년 안보 투쟁 속에서 극좌익과 싸우기 위해 탄생한 경비회사다.

사메지마 이사무鮫島勇가 설립한 경비회사는 삼류 대학 무도부 출신을 채용해, 공해 기업의 주주총회나 공항 건설을 반대하는 세력을 막거나 파업 방지 등의 일을 받아 처리했다.

노동조합은 경비회사에 산업적인 규제를 요구했고, 정부가 조사한 결과 많은 경비업체에 범죄 경력이 있거나 전직 폭력배 등 문제가 있는 인물들이 개입되어 있다는 사실이 확인됐다. 회사 사장 20명에게 범죄 경력이 있었다. 그 결과로 1972년 규제법이 통과되면서 범죄 경력이나 폭력단 조직과 연계된 인물을 업계에서 배제하기 위한 조치가 도입됐다. 그렇다고 문제가 사라진 것은 아니다. 부락민의 이름뿐인 인권단체와 폭력단과 관련된 경비회사가 문제가 되어 신문에 보도되었고, 경영자가 야마구치구미 간부였다는 이유로 면허 취소된 경비회사도 있다.

명백한 역점

마지막으로 「5. 결론」에서 램지어 교수는 다음과 같이 말한다.

현대 민주주의 국가들은 치안 유지를 공적인 자금으로 충당한다. 치안 유지가 배제할 수 없는 공공재인 점과 규모의 경제가 작용한다는 것이 이유다. 그러나 동시에 치안 유지는 정상재이기도하다. 치안 유지 수요는 소득 수준에 따라 증가하는 경향이 있다. 국가에 따라서는 (미국처럼) 시민이 직접 관여해 치안 수준을 결정하는 곳도 있지만, (일본처럼) 결과적으로 생기는 불평등을 정치적으로 바람직하지 않다고 생각해 중앙집권적인 경찰 활동을 벌이고 있는 곳도 있다. 어느 나라든 부유한 시민들은 시장에서 구입한 민간 서비스로 공적인 치안을 보강하는 경향이 있다.

여기까지가 논문의 본문 부분이며, 모두 15페이지 반이다. 총론이라고도 할 수 있는 제1장이 2페이지, 관동대지진의 제2장이 9페이지 반을 차지하고, 미소라 히바리가 등장한 제3장이 4페이지로 된 구성이다. 논문의 역점이 어디에 있는지는 분명하다.

그렇다 치더라도 이 논문을 영어로 읽는 사람은 어떤 사람일까? 핸드북이니 일종의 입문서지만, 일본 역사에 정통한 사람이 많을 것 같지는 않다. 혹여 일본인이라 해도 아는 사람이 많다고 생각되지 않는 역사 영역이며, 출처로 제시된 문헌이나 신문 기사 중에 영어로 참조할 수 있는 것도 없었다. 관심이나 의문을 가진 독자가 있다 하더라도 확인하기는 우선 불가능하다.

애당초 경찰의 민영화라는 이 논지 속에서 관동대지진의 사망자 수나 패전 후 재일조선인의 활동은 필요한 요소였을까? 논문을 읽고 나서 소박하지만 그런 생각이 들었다.

제2장

논거 자료를 확인하다

관동대지진으로 불타버린 도쿄
도쿄시 간다구 스루가다이에서 바라본 마루노우치 전경. (아사히신문사)

1
범죄가 없었다는 자료

논문의 구조와 주장의 취지는 이해했다. 논거의 큰 부분을 신문 기사가 차지하고 있는 것도 알 수 있었지만, 구체적으로 어떤 기사인지는 신문을 찾아봐야 했다. 그러려면 어느 정도 시간이 걸리기 때문에 먼저 이 논문이 기존 연구와 어떻게 다른지 확인하기로 했다.

기존 연구와 명백한 차이는 「3. 퍼즐」에서 드러난 조선인 범죄에 대한 인식이다. 그동안 알려진 조선인 학살의 원인은 "조선인이 방화를 했다" "우물에 독을 풀었다"는 등의 유언비어였다. 그런 유언비어와 같은 조선인 범죄에 대해 램지어 교수는 "범죄가 일어났는지 아닌지가 아니라, 그것이 어느 정도 규모로 일어났는가"라는 주장을 피력했다.

램지어 교수는 지금까지의 연구에서 그 유언비어가 실체 없는 거짓이라고 밝히고 있는 점을 알고 있는 듯하다. 이는 그 뒤에 이어지는 "기묘하게도 역사가들은 조선인의 범죄에 대한 소문을 기정사실로 다루지 않는다"는 구절을 보면 알 수 있다. 역사가가 아니라 법학자인 램지어 교수의 시각에서 보면 조선인 범죄는 거짓이 아니었다는 주장인 듯하다.

2008년 중앙방재회의 보고서

역사가들이 유언비어를 거짓으로 여겨온 근거는 무엇일까? 이 문제를 둘러싸고 지표가 되는 견해가 있다. 내각부 중앙방재회의中央防災会議의 '재해 교훈 계승에 관한 전문조사회'가 2008년에 정리한 보고서다. 이는 "본 사업의 목적은 역사적인 사실을 규명하는 것이 아니라, 방재에 관한 교훈을 계승하는 것"이 기본 취지인 조사 보고서로서 연구자들 사이에 이견이 없는 내용을 제시했다고 할 수 있다.

第2節　殺傷事件の発生

既に見てきたように、関東大震災時には、官憲、被災者や周辺住民による殺傷行為が多数発生した。武器を持った多数者が非武装の少数者に暴行を加えたあげくに殺害するという虐殺という表現が妥当する例が多かった。殺傷の対象となったのは、朝鮮人が最も多かったが、中国人、内地人も少なからず被害にあった。加害者の形態は官憲によるものから官憲が保護している被害者を官憲の抵抗を排除して民間人が殺害したものまで多様である。また、横浜を中心に武器を携え、あるいは武力行使の威嚇を伴う略奪も行われた。

殺傷事件による犠牲者の正確な数は掴めないが、震災による死者数の1〜数パーセントにあたり、人的損失の原因として軽視できない。また、殺傷事件を中心とする混乱は救護活動を妨げた、あるいは救護にあてることができたはずの資源を空費させた影響も大きかった。自然災害がこれほどの規模で人為的な殺傷行為を誘発した例は日本の災害史上、他に確認できず、大規模災害時に発生した最悪の事態として、今後の防災活動においても念頭に置く必要がある。

この節では殺傷事件の概要を述べるが、当時の混乱の中では同時代的にもこの種の事件のすべてを把握することはできず、また、後に述べるような政府の対応方針もあって、公式の記録で全貌をたどることはできない。現在までの歴史研究や市民運動はこの欠を補い、災害の教訓を継承する活動としても有意義である。しかしながら、本事業の目的は歴史的事実の究明ではなく、防災上の教訓の継承であるので、これらの成果の概要についてはコラムに譲り、以下では当時の公的記録と公文書に依存した叙述を行う。第一に、現在までに確認されている当時の官庁の記録によって殺傷事件の概要を述べ、あわせてそれらの史料の性格と限界を検討する。第二に、略奪事件と治安維持への取り組みを、直近の類例であるサンフランシスコ大地震も参照しながら検討する。

表4-8　官庁記録による殺傷事件被害死者数

種別 被害者別	司法省報告書掲載 起訴事件 朝鮮人	日本人	中国人	警察による 日本人	軍通報の不明 朝鮮人	成蹊大学務部調掲載 軍警による 朝鮮人	日本人	警察・民衆 朝鮮人	合計
東京	39	25				27	19	約215	約328
神奈川	2	4	2						8
千葉	74	20			1	12	8		115
埼玉	94	1							95
群馬	18	4							22
栃木	6	2							
茨城	1								
福島	1								

중앙방재회의의 「재해 교훈의 계승에 관한 전문조사회 보고서」

제4장 제2절에는 "학살이라는 표현이 타당한 사례가 많았다"는 표현이 나온다.

이 보고서는 제4장 「혼란에 의한 피해 확대」의 제2절 「살상 사건의 발생」에서 지진 재해 후의 정부 조사 결과를 소개한다.

보고서에 따르면, 관청 자료 중 가장 많이 참조한 것은 지진 직후 내무대신을 지낸 고토 신페이後藤新平가 남긴 문서인 「지진 후 형사 사범 관련 사항 조사서」다. 이 문서는 사법부가 작성한 것으로, 화재 원인, 조선인 범행과 유언비어, 조선인 범죄, 조선인·조선인으로 오인된 내지인·중국인을 살상한 사범, 치안 유지령 위반, 폭리 취체령 위반, 사회주의자의 행동, 군대의 행위, 경찰관의 행위로 장을 구분하고 있다. 1923년 11월 15일의 조사 결과를 중심으로 작성되었으므로, 같은 해 12월에 제국의회가 열릴 것에 대비해 의회에서 문제가 될 만한 사항에 대해 사법성의 견해를 정리한 것으로 보인다.

조선인 범죄가 확인된 자료는 없다

이 자료에는 조선인이 저지른 살상 사건은 살인 2건, 상해 3건으로 기록되어 있다. 하지만 모두 피의자 미상이고, 살해당한 피해자도 미상이라고 밝히고 있다. 조선인이 범인이라고 하지만, 그가 누구인지 불분명하고 살해당한 사람이 누구인지도 알 수 없다. 즉 형사사건에서 조선인의 범행으로 사실관계를 규명할 수 있는 것은 단 한 건도 없었다. 또한 소문으로 떠돌던 무장봉기, 방화, 독 살포 등에 대해서는 "일정한 계획 아래 맥락 있는 비행을 저지른 흔적을 확인하기 어렵다"

고 결론 내렸다. 유언비어의 내용처럼 조선인의 조직적인 범행으로 특정할 수 있는 것은 확인할 수 없다는 것이다.

1923년 9월 11일에는 임시진재구호사무국 경비부에서 사법성 형사국장이 주재하여 검찰 사무 통합을 위해 사법위원회가 열렸다. 이때 조선인의 "불령不逞 행위에 대해서도 엄정한 수사와 검찰"을 결의하고, 다음 날 각 주무장관의 승인을 얻어 실시됐다. 하지만 중앙방재회의 보고서는 "이 방침에 따라 조사했지만, 앞에서 말한 정도밖에 확인할 수 없었다"고 지적했다. 이 밖에도 유언비어에 대한 조사와 연구는 수두룩하다. 나는 그 가운데 "유언비어는 거짓말이 아니었다"는 내용을 입증한 자료를 본 적이 없다.

램지어 교수의 견해는 이와 같은 기존 연구를 부정하는 것이다. 그렇다면 논거는 무엇인가? 우선 제시한 것은 '젊은이가 많으면 범죄가 많다'는 논리였다. 그러나 일반적으로 젊은이가 법을 어기는 경우가 다른 세대에 비해 많다고 해도, 그것이 방화나 살인 같은 중대한 범죄에까지 해당하는 것일까? 하물며 유언비어의 내용은 집단 무장봉기나 폭탄 투척, 독 살포 등과 같이 사전 준비와 조직이 필요한 행동이다. 그런데도 '젊은이가 많다'는 것이 근거가 될 수 있을까?

하버드대학 교수의 고견이라지만 아무래도 수긍할 수 없다. 그렇다고 전문 지식을 갖추지 못한 나로서는 어떻게 판단하면 좋을지 조금 버겁다. 일단 여기서는 판단을 보류하고 조금 더 자료를 살펴보자.

2
램지어 교수의 논거 자료

조선총독부 자료

램지어 교수는 주장의 근거로 공적인 기록도 제시했다. 그는 "지진 재해 몇 시간 후 시내 각지에서 발생한 화재에 대해, 조선인 좌파들은 자신들의 성과라고 말했다. 상하이에서 그들은 지진 재해에 기뻐하고 있었다. 반사회적 조선인에 의한 폭력에 대해서는 '그럴 수 있는 일'이라고 말했다고 조선총독부는 보고했다"고 밝혔다. 그 자료 「조선총독부 1923a」는 출처가 『현대사 자료 6—관동대지진과 조선인』 551쪽이었다. 이 책의 해당 페이지를 찾아보니, 그 문서는 조선총독부 경무국장이 1923년 9월 13일에 각 도지사들에게 보낸 '국외 형세에 비추어 사찰 경계를 엄밀히 할 건'이란 자료였다. 이 자료를 읽어보자.

도쿄 지방 진재 사건과 관련된 여러 종류의 국외 정보에 의하면, 러시아 지역의 불령선인(不逞鮮人, 불온하고 불량한 조선인이라는 의미—옮긴이)은 이번 기회를 틈타 일거에 조선 국경을 침범하려 했다. 베이징과 상하이 지역의 흉포凶暴 선인은 조선 및 일본 내지에서 직접 행동을 실행하려고 했다. 러시아 공산당은 진재 구제를 명목으로 비밀리에 적화 선전을 계획하고, 간도 지방의 배일排日 선인은 조선 내에 소요를 다시 일으키려고 획책하고 있다고 전해진다. 게다가 일부 중국인과 공산당 러시아인은 일본의 재해에 대해 쾌재를 부르고 암암리에 불령단을 선동하려는 언동을 일삼는다. 이들 정보의 진위 여부는 곧바로 판단할 수 없다 하더라도 적어도 국외의 불량배들이 국내의 재환을 틈타 망동을 개시하려는 경향이 있는 것은 상상하기 어렵지 않다. 시국상 낙관할 수 없기 때문에 특히 국경 지방의 경비, 해안선의 경계를 지엄하게 함은 물론 국외로 연락하는 기차, 기선, 기타에 의한 왕래자에 대해 더욱 주도면밀한 사찰을 실시하여 조금이라도 책임이 없도록 최선을 다하기를 명령하고 이에 통첩을 내린다.

덧붙여 최근 얻은 정보 중에 중요한 부분을 발췌한 것을 첨부한다.

이어서 조목별로 여덟 개의 항목이 기록되었다. 램지어 교수가 지적한 것은 아마도 여섯 번째로 제시된 다음의 기술일 것이다.

상하이 지역의 불령선인 중에는 이번 지진 재해에 대해 쾌재를 부르고, 일본 내지의 불령선인의 폭행설에 대해서도 이에 공명하는 견해가 있다. 특히 의열단 일파는 돌연 준동蠢動을 개시해 이번 기회에 조선 또는 일본 내지에서 이전부터 선언한 것처럼 직접 행동을 실행해야 한다고 외치며, 예전에 타인에게 보관해둔 폭탄을 꺼내 들려고 한다. 그리고 해당 폭탄은 50개입 권총통 크기로 만들어 아마도 안둥으로 발송해야 한다고 한다.

약한 근거

램지어 교수가 "조선인 좌파가 솔직하게 공적을 주장했다는 내용이 조선총독부 기록에 남아 있다"고 밝힌 「조선총독부 1923b」의 출처는 같은 자료집 489쪽이었다. 이는 조선총독부 경무국이 정리한 「치안 상황」이라는 보고서였는데, 30페이지에 이르는 자료집이다.

램지어 교수가 지적하는 부분은 어디일까? 자료에는 「관동지방 진재가 민심에 미치는 상황」이라는 글이 다음과 같은 설명으로 시작된다.

이번 관동지방 대진재와 이에 따른 내선인의 흉행 사건은 조선 내부 및 재외 조선인의 민심에 이상한 자극을 주어 적어도 일부 선인의 민족적 반감을 격발시켰지만, 관민의 성의 있는 구제 시설 등에 의해 격앙되는 감정도 점차 완화되었다. 동시에 지엄한 경계 단속으로 아무런 구체적 행동을 찾을 수 없고, 생각 밖으로 정평 靜平한 경과를 보여주고 있다. 하지만 내지인이 선인에 가한 학살 사건은 반감 불평의 무리들이 향후 여론을 환기할 호제로 삼아 어떤 불상 사건을 일으킬 원인이 될지도 몰라 앞으로의 일을 낙관할 수 없는 상황이기에, 내선융화內鮮融和의 도정에 적지 않은 장애가 될 것이다. 하지만 또 한편으로 일부 유식 계급은 대지진 후 질서 회복과 부흥의 기력에 대해 지금처럼 제국의 강대와 견실한 국민성에 감격해 사소한 감정을 버리고 진정으로 양 국민의 결합을 촉진하고자 자각을 환기시키고 있다. 실제로 각종 단체의 간부들은 너도나도 맹렬히 일어나 내선제휴, 사상선도의 구체적 활동에 착수하고 있다. 영향은 원래부터 좋거나 나쁘거나 깊거나 얇은 것 중 하나가 아니다.

자료를 더 읽어 내려가면 「(2) 조선인」이라는 항목이 있고 거기에 「귀족 상류 유산자 등」과 「학생, 노동자주의자」가 있는데, 아마 이 기술을 램지어 교수가 지적한 것이 아닌가 싶다. 그 내용은 다음과 같다.

하급 노동자들 사이에서는 대지진의 상황을 듣고 단순히 피해가 심각한 상황이라고 이야기한다. 여러 종류의 유언비어도 그대로 유포되었다. 특별히 감상으로서 특기할 사항은 없지만, 이는 공산주의를 고취하는 것이다. 이에 따라 조직된 여러 노동 단체는 이번 진재는 지진의 손해보다 지진에 따른 화재의 손해가 더욱 심각하다고 한다. 하지만 화재는 우리와 뜻을 같이하는 주의자主義者가 혁명을 위해 방화한 것이다. 우리는 이 장거壯擧를 기뻐하며 시기를 봐서 우리도 활동하기를 기대하고 있었다. 하지만 계엄령이 내려져 마침내 그 목적을 달성할 수 없어 유감이라고 동지 사이에서 이야기하는 자들도 있다.

『현대사 자료』는 이 보고의 바탕이 된 조선총독부 경무국 내부 문서도 소개한다. 9월 23일 조선인의 반응을 정리한 것으로 "선인 민심의 추이를 개관하면, 당초 지진 재해를 통쾌하게 생각한 낙관기樂觀期, 다음은 예상한 대로 일본 정부의 전복이 실현되지 않은 비관기悲觀期, 마지막으로 재해지의 조선인 학대에 대한 악감기惡感期의 세 과정을 거쳤다. 제3기의 악감은 향후 이재 지역과 다른 지역에서 송환 선인의 누증累增과 함께 그 감정이 더욱 험악해지는 경향을 면치 못할 것"이라고 적고 있다. 일본의 재해에 어떤 마음을 품은 것은 물론 독립운동가만이 아니었던 것 같다.

램지어 교수가 근거로 제시한 이 공문서들만으로 '조선인의 범죄가 있었다'고 판단할 수 있을까? 또한 중앙방재회의 보고서의 결론을 강요하는 것으로 설득력이 있을까? 고개를 갸웃거리지 않을 수 없다.

"방화는 한 건도 없었다"

수사를 통해 드러난 범죄 숫자가 적다는 점에 대해서도 자료를 확인해보자. 램지어 교수는 논문에서 "경찰 인력이 결정적으로 부족했다는 점에 유의해야 한다. 화재로 시설을 잃고 인력도 잃은 상황에서 검증 불가능한 구두 주장을 수사하는 것 외에도 할 일이 많았다. 도처에서 집이 불타고 있었다. 살아남은 사람들은 식량과 의약품이 필요했다. 집이 불에 탄 원인이 조리 때문인지, 방화인지를 판단할 자원도, 시간도 경찰관에게는 없었다. 방화를 의심한다 해도 누가 불을 질렀는지 알 방도가 없었다. 당시의 혼란을 생각하면 어쩔 수 없었다. 많은 범죄가 해결되지 않았고 범죄의 대부분은 추궁당하지 않았을 것이다"라고 말한다. 램지어가 거듭 인용하고 있는 『현대사 자료』에는 사법성의 수사 보고서가 수록되어 있다. 중앙방재회의 보고서가 언급하고 있는 고토 신페이의 문서다.

제1장은 「화재의 원인」으로 발화의 원인, 발화 시간 등을 건마다 조사해 결과를 표로 드러낸다. 도쿄에서는 발화 지점이 138개 지역으로 그 가운데 자화自火가 86건, 비화飛火가 39건, 방화가 8건 등으로 분류 집계됐다. 램지어 교수가 제시하는 숫자도 출처가 같은 것으로 보인다.

9월 1일 정오경에 발화한 유라쿠정 2정목의 제판소 화재를 보면, "첫 번째 강진 때문에 일부가 무너짐과 동시에 발화가 일어남. 철거 장소 불명으로 조사가 불능하지만 자화였다는 것을 의심할 수 없다"
고 적혀 있다.

4일 오전 2시쯤 발화한 고지정 6정목의 종이 가게는 방화로 인정받
았다. 화재 진압을 맡은 인근 거주자 2명과 종이 가게 피고용인 2명을
조사한 결과, "부엌 툇마루 중앙에 놓인 서양 접시 하나에 휘발유를
부은 휴지를 놓고 망 조리를 씌워 점화한 것이므로, 방화로 밝혀지더

**고토 신페이 문서 중
「도쿄의 발화 사실
개별적 조사표」**

발화를 건별로 수사한
보고서를 정리한 것이다.
출전 : 『현대사 자료 6』

라도 가옥을 태워버릴 목적으로 보기엔 어렵고, 집주인 또는 인근 주민을 놀라게 하기 위한 장난을 저지른 것으로 판단된다. 범인 수사를 고지정 경찰서에 명령했다"고 쓰여 있다.

이 조사표는 각 경찰서의 보고가 바탕이 된 것 같다. 그 내용이 나름대로 상세한 것으로 보아 인력 부족으로 수사가 미진했던 것 같지는 않다. '방화'로 결론 내린 발화를 보면 "도쿄 소년 심판소의 위탁으로 보호 수용한 여성(원자료에서는 실명)이 방화한 것으로 판명되었다. 곧바로 불을 껐다"고 하고, "범인을 검거했지만 13세 백치 소녀로 기소하지 못했다"는 설명이다.

조선인의 방화로 인정할 만한 것은 3건이 있었다고 한다. 상세한 내용을 찾아보면, 1일 오후 8시 30분에 발화한 니혼바시구 기타사야정의 헛간 화재는 "검은 상의, 흰 바지를 입은 보통 키와 평균 체중의 40세 전후, 다만 범인 이름 미상의 선인 남자 1명, 목조 헛간에 방화해 부근으로 번졌다"라고 적혀 있다. 1일 오후 9시경에 일어난 쓰키시마 서해안 거리 부근의 창고 화재는 "쓰키시마 자경단장 가토 시게로쿠 등을 조사한 결과, 자칭 고등학교 학생 김 모(선인)의 방화로 판명"되었고, 1일 밤 히가시모리 서민가 부근의 팥죽집 화재는 "쓰키시마 자경단장 가토 시게로쿠, 도쿄정 1번지 누마타 다쓰고로 등을 조사한 결과, 이름과 주소가 미상인 어떤 선인이 방화한 것으로 판명되었다"고 한다. 3건 중 2건은 동일 인물의 자경단장을 '취조'한 결과였다. 그

3건을 총괄하며 "범인은 즉시 살해되거나 소재 불명이 되어 방화 동기를 알 수 없는 것은 매우 유감스러운 일"이라고 적고 있다. 다시 말해, 조사는 했지만 살인 상해와 마찬가지로 형사책임을 추궁할 수 있었던 것은 한 건도 없었다.

요코하마에서는 화재가 228건 확인됐지만, 최초 흔들림 이후 1시간 정도 사이에 발생한 발화가 190건에 달해, "지진 재해로 인한 붕괴 가옥이 많았다는 것을 짐작할 수 있다"고 전제한 다음, "화재 원인으로 방화에 나선 자는 하나도 존재하지 않는다"고 말했다. 유언비어가 시작된 곳으로 꼽히는 요코하마에서는 방화가 단 한 건도 없었다고 분명히 단언한다. 여기에서도 램지어 교수의 지적에는 동의할 수가 없다.

논거가 된 신문 기사를 읽다

도쿄의 혼란을 사진으로 보도한
9월 4일《오사카 아사히신문》이 발행한 호외.

1
조선인 폭도 보도

램지어 교수가 인용한 신문 기사를 찾아 어떤 내용인지 확인해보자.

하야카와 도쿄 아사히 사원의 고후 특전

지진이 발생하고 나서 가장 빠른 보도는 "조선인 폭도들이 집집마다 방화하면서 요코하마에서 도쿄를 향해 나아가고 있다"(아사히 1923b)라고 쓴 1923년 9월 3일 《오사카 아사히신문》의 기사다. 일본 신문을 "옐로저널리즘의 세계에서 경쟁하고 있었다"고 지적한 「The reports」에서 램지어 교수는 이 부분을 인용한다. 자료를 찾아보니 이 기사는 호외였다. 항목별로 보도된 '하야카와 도쿄 아사히 사원의 고후 특전'은 다음과 같다.

- 조선인 폭도들이 일어나 요코하마, 가나가와를 거쳐 하치오지를 향해 한창 불을 지르는 것을 보았다.
- 진원지는 이즈오섬 미하라야마의 분화로 관측되었지만, 그밖에 태평양의 중앙에도 진원이 있는 것 같다.
- 포병 공창은 화약 폭발 때문에 전소됐고, 메구로 화약고도 폭발했다.

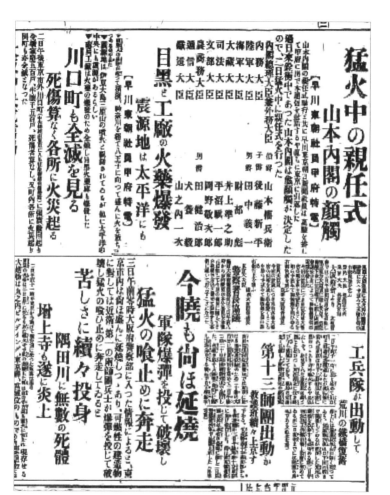

《오사카 아사히신문》이 9월 3일 발행한 호외.
'메구로와 공장의 화약 폭발'이라는 제목이 램지어 교수가 지적한 기사. 첫머리 기사와 함께 '하야카와 도쿄 아사히 사원의 고후 특전'이라는 작성자 출처가 보인다.

제3장 _ 논거가 된 신문 기사를 읽다　75

앞서 제시한 사법성 조사 결과에 따르면, 조선인 방화의 사실관계가 명확한 것은 한 건도 없었기 때문에, "한창 불을 지른다"는 상황은 실제로 있었다고 볼 수 없다. 하지만 그것만으로는 검증이 되지 않는다. 그래서 이 기사가 어떤 환경에서 작성되었는지 확인해보려고 한다.

그 열쇠가 되는 것은 '하야카와早川 도쿄 아사히 사원의 고후甲府 특전'이라는 작성자 출처다. 《아사히신문》은 처음에 오사카에서 창간됐다. 활동 범위가 점차 도쿄까지 확대되면서 오사카와 도쿄 지역을 나누게 됐고, 이후 《오사카 아사히신문》과 《도쿄 아사히신문》이라는 각각의 신문을 발행하게 됐다. 이 크레디트는 도쿄 아사히의 '하야카와'라는 사원이 고후에서 오사카 아사히로 보낸 기사임을 보여준다. 그 이상의 내용은, 《아사히신문》이 관동대지진 발생 당시 어떻게 행동했는지 살펴볼 필요가 있다. 그리하여 신문사의 사사社史를 찾아보았다. 다음과 같은 내용이 기록되어 있었다.

이날(9월 1일) 첫 강진으로 도쿄 시내는 물론 각지로 통하는 전신과 전화선은 모두 끊기고 교통도 중단되어 신문의 생명인 통신이 마비되었다. 도쿄 아사히에서는 한시라도 빨리 오사카 본사에 연락하는 것과 동시에 신문 본연의 사명인 보도를 어떻게 해야 할지 고민했다. 활자 케이스는 다행히 무사했다. 그러나 동력이 멈추어 윤전기를 사용할 수 없었다. 그래서 손을 써야 하는 기계와 등사판으로 호외를 찍기 시작했는데, 그 답답함은 이루 말할 수 없었다. 그러는 사이 불길이 닥쳐왔기 때문에 황궁 앞 광장으로 피난하는 한편, 오사카 본사에 급보를 보내기 위해 하야카와 이사무早川勇, 사이토 준이치斎藤隼一, 하네다 산키치羽田三吉, 야마모토 지에이山本地栄, 후쿠마 겐조福馬謙造, 나카가와 도시오中川敏夫, 노다 유타카野田豊, 가쓰키 다모츠香月保, 다이토 나가지로大東長次郎 등 9명의 기자를 4개의 반으로 나누어 나카센도, 해로, 도카이도를 통해 오사카로 급파했다.

도카이도로 내려간 후쿠마 반은 아직 현상하지 않은 참혹한 현장 사진을 들고 1일 밤, 불타는 도쿄를 뒤로 하고 자동차로 출발했는데, 가는 길 곳곳이 불바다였다. 여기저기를 돌아서 겨우 아쓰기강 건너까지 이르렀지만, 사가미가와 철교가 무너져 건널 수 없었다. 어쩔 수 없이 자동차를 버리고 사가미가와를 헤엄쳐 건너서 피난자로 넘쳐나는 도카이도에서 서쪽으로 서둘러 이동해 간신히 고우즈까지 도착한 것이 2일 밤이었다. 화차 안에서 선잠을 자고, 3일 오전 3시에 일어나 손전등으로 발밑을 비추면서 선로를 따라 마쓰다로 향했다. 선로는 엿가락처럼 휘어져 있고, 터널은 무너져 있었다. 야마키타에서 산을 넘어 오야마에 들어가니 자동차 가게가 있었다. 마지못해 현금으로 운전사를 설득하여 스소노역에 도착했다. 때마침 하행선 첫 기차가 있었다. 출발한 것은 3일 저녁 8시, 다음 날 아침 8시 30분 오사카에 도착할 때까지 후쿠마는 2등차 안에서 죽은 듯이 잠들었다. 오사카 본사 현관에 들어서자, 수위가 눈이 움푹 들어간 진흙투성이의 부랑자 같은 젊은이를 검문해 좀처럼 회사 안으로 들여보내지 않았다고 한다.

사사에는 도쿄 아사히에서 통신망을 관장하는 통신부장이었던 미도로 마스치美土路昌一의 회고담도 실려 있다. 후에 《아사히신문》의 사장과 전일본공수주식회사ANA의 초대 사장을 맡은 미도로는 "오사카로 보낼 기자는 독신자 중에서 골랐고, 어디서라도 좋으니까 오사카나 나고야에 연락하라고 명령했다. 한 사람 빼고는 입사한 지 얼마 안 된 기자였다"고 당시를 회고했다.

여기서 등장하는 하야카와 이사무 기자가 '고후 특전'을 발신한 '하야카와 도쿄 아사히 사원'임에 틀림없을 것이다. 도쿄에서 오사카까지 거리는 약 500킬로미터다. 도쿄의 상황을 전하려면 정보를 가진 사람이 오사카에 도착하거나, 전화 또는 전보가 통하는 지점을 찾아내 오사카로 발신하는 두 가지 방법이 있었다.

이 사사에는 나카센도와 도카이도만 기록되어 있지만, 하야카와 기자가 따라간 길은 고슈카이도였을 것이다. 그리고 고후에서 마침내 작동하는 통신 시설을 발견하고, 거기서 원고를 보냈을 것으로 판단된다.

왜 기사가 되었는가?

이 기사가 실린 호외는 앞뒤 2페이지로 제작됐고, 앞면은 시즈오카현을 중심으로 한 재해지의 사진들이 나열되어 있다. 뒷면에는 뉴스를 전하고 있지만, 첫머리 기사는 '맹화猛火 속의 친임식親任式'이라는 제목의 야마모토 곤베에山本権兵衛 내각의 발족을 다룬 내용이며, 지진 재해를 보도하는 기사는 그다음으로 다루었다. 뉴스 가치가 얼마나 높은지를 보여준다.

실제로는 첫머리 기사의 친임식 기사에도 '하야카와 도쿄 아사히 사원의 고후 특전'이라는 출처가 있고, "야마모토 내각 친임식 거행과 함께 하야카와 도쿄 아사히신문사 사원은 온갖 어려움을 물리치고 고후로 나가 본 통신을 전화로 보내고 곧바로 도쿄로 되돌아갔다"고 적혀 있다. 야마모토 내각의 친임식은 9월 2일이었다. 하야카와 기자는 이 기사를 송신하는 역할을 맡아 도카이도 반보다 늦게 출발해 고후에서 작동하는 통신 시설을 찾아내 오사카에 원고를 보냈다고 짐작할 수 있다.

기사에 나오는 하치오지는 고슈카이도에 인접한 마을이다. 하야카와 기자는 서쪽으로 가는 가혹한 여행 도중 "조선인 폭도들이 일어나 요코하마, 가나가와를 거쳐 하치오지를 향해 한창 불을 지르고 있다"는 유언비어를 하치오지에서 들었을 것이다. 그런 풍문에 경계를 강화하던 자경단이나 긴장한 마을 사람들의 모습도 목격했을 것이다. 그렇다고 해서 거기에서 멈출 수 없는 일이었다. 무엇보다 중요한 것은 맡겨진 원고를 오사카에 틀림없이 보내는 일이라고 생각해 서둘러 고슈카이도로 향했을 것이다. 하야카와 기자는 지진 재해에 대한 원고도 지니고 있었다. 진원지와 포병 공장의 폭발을 전하는 기사였다. 그 원고를 송신할 때 새로운 뉴스라고 판단해 하치오지에서의 견문을 포함시켰을 것으로 추측할 수 있다.

도쿄에서 고후까지는 오늘날의 도로로 130킬로미터 정도의 거리고 중간에 험준한 고개가 있다. 그 길을 젊은 기자가 이틀 만에 주파하겠다는 눈물겨운 노력의 결과로 접수된 것이 이 몇 줄의 기사였다. 도카이도로 향한 후쿠마 기자가 3일에 도착한 스소노역도 도쿄에서 거의 비슷한 거리인 120킬로미터였다. 그해 10월 도쿄 아사히신문사가 출간한 『관동대지진기』에는 "모험적으로 특파된 결사적 소장 기자"라고 그들의 활동을 기록한다.

램지어 교수가 논문에 다룬 짧은 고후 발신 기사는 그런 경위를 거쳐 전달된 정보다. 도쿄 지진 상황을 실제로 목격한 기자의 《아사히신문》 첫 번째 기사였다. 결과적으로 이 기사는 사실이 아니었다고 볼 수 있다. 하지만 이렇게 배경을 살펴보면, 이 기사의 내용만 거론하며 "조선인이 불을 질렀다"고 우길 수는 없을 것이다. 동시에 '오보였다'고 둘러대지 않고 읽는 것도 가능하지 않을까?

군의 전문을 그대로 보도

위에서 《도쿄 아사히신문》의 기자들이 어려운 상황에서 기사를 전달하려고 했던 노력을 확인했다. 그렇다면 재해 관련 정보를 얻고자 하는 《오사카 아사히신문》의 움직임은 어떠했을까? 아사히 신문사의 사사는 이렇게 적고 있다.

1일 정오 전에, 오사카 본사에서 '도쿄 아사히'와 통화하던 전화가 '지진이다!'라는 고함 소리와 함께 끊겼다. 동시에 심한 진동을 느껴 '이거 큰일'이라며 여러 곳을 수소문했지만 도쿄를 비롯한 관동지방과 통화할 방법을 찾지 못했다. 시오노미사키 등 무전국도 확인했지만 역시 소용이 없었다. 그러다가 오사카 철도국에 '누마즈 대지진'이라는 정보가 들어와 우선 이를 신속히 호외로 보도했다. 이어 막연한 내용이었지만 요코하마 대화재 등 각지의 피해 상황도 들어왔다. 이런 모든 정보를 호외나 1일 자 석간으로 전했다. 또한 도쿄 지역의 상황을 알기 위해 시노자키 마사미篠崎昌美, 요코타 미노스케横田巳之助(사진반), 히라이 쓰네지로平井常次郎(이후 아사히 방송 사장), 야마모토 히코이치山本彦一(사진반)를 2개 반으로 나누어 1일 오후 육로로 출발시켰고, 2일 오후에는 다카하시 마스타로高橋増太郎, 고스게 나카小菅仲(사진반) 2명을 고베에서 출항하는 시카고마루에, 이마이 세이조今井精造, 하세가와 기이치長

谷川義一(사진반) 2명을 야마시로마루에 태워 요코하마로 향하게 했다. 이때 안타깝게도 본사의 가와사키호와 슌카이호를 비롯한 4대의 비행기가 도쿄 스사키 매립지에서 소실되자 오사카 본사는 1일 밤 일본항공회사에 수상기 2대의 특파를 의뢰했고, 1기에는 기무라 료지로木村亮次郎 기자가 탑승해 도쿄로 향했다.

"조선인 폭도들이 거리를 누빌 때 폭발물과 석유(아마도 등유)를 실어 나르고 있었다고 보도했다"(아사히 1923c)고 램지어 교수가 소개한 기사의 출처를 확인하니, 9월 4일 《오사카 아사히신문》이라 밝히고 있다. 자료를 살펴보니 9월 4일 석간이었다. 석간은 다음 날 날짜로 인쇄하는 것이 관례였다. 멀리 떨어진 지역의 경우는 다음 날 조간과 함께 배달되는 사정 때문이었다. 램지어 교수가 소개한 기사는 정확히 말해서 9월 3일에 발행된 9월 4일 자 석간에 실린 것이며, 3일 오전에 작성된 것이다. 기사는 「각지에서도 경계되었고/경보국에서 각처로 무전」이라는 제목으로 다음과 같이 보도했다.

3일 고베의 모 무선전신으로 감청한 바에 따르면, 내무성 경보국에서는 조선총독부, 구레와 사세보의 두 진수부鎭守府와 마이즈루 요항부要港部 사령관 앞으로, 도쿄 시내의 대혼란 상태를 틈타 불령선인 일파가 곳곳에서 봉기를 시도하는 것으로 보인다는 전신을 보냈다. 그중에는 폭탄을 가지고 시내를 밀행하거나 석유통을 운반해 혼잡을 틈타 큰 건축물에 방화하려고 한다. 도쿄 시내에서는 힘을 다해 경계 중이지만 각지에서도 엄중히 경계한다고 한다.

여기서 감청한 것은 내무성 경보국장 명의로 9월 3일 오전 8시 15분에 지바현 후나바시의 해군 송신소에서 발신된 다음의 전문電文으로 생각된다.

도쿄 부근의 지진 재해를 이용해 조선인은 각지에 방화하고 불령의 목적을 수행하려고 한다. 현재 도쿄 시내에서 폭탄을 소지하고 석유를 부어 방화하는 자가 있다. 이미 도쿄에는 일부 계엄령을 시행했기 때문에 각지에서 충분히 주밀하게 시찰하고 선인의 행동에 대해서는 엄밀하게 단속했다.

당시 도쿄의 무선과 전화 시설은 모두 작동하지 않았다. 근교에서 유일하게 통신을 사용할 수 있는 곳은 지바 해군성 후나바시 송신소였다. 이 전문은 육군 기병이 전령이 되어 도쿄에서 후나바시로 이동하여 발신되었다. 체제상으로는 구레 진수부의 부관이 전령을 받고 나면, 그가 다시 각 지방 장관에게 전달하는 것이었다.

하야카와 기자가 하치오지를 통과한 것도, 경보국장이 전령에게 전문을 맡긴 것도 2일이었다고 판단된다. 이 두 기사가 보여주는 것은, 그런 유언비어와 풍설이 피해 지역에서 2일에 유포되어 사람들에게 전파되었다는 점, 또한 3일에 그런 정보를 받은 오사카 사람들이 그것을 그대로 믿는 환경과 분위기였다는 점이다.

오사카의 신문 기자들은 정보가 모일 만할 장소를 찾아 취재에 열중했다. 고베의 무선 기지는 그중 하나였고, 거기서 이 전문 내용을 찾아낸 것이다. 내무성 경보국장은 오늘날 경찰청장에 해당하는 직책이다. 그런 고위 관료가 각 지방 장관에게 보낸 것이니, 지금의 도부현道府県 지사와 같은 사람들에게 보낸 통달이다. 최고급 정보라든가 신뢰도가 높은 정보라고 기자가 판단한 것은 당연했을 것이다. 하물며 피해 지역 도쿄에서 무슨 일이 벌어지고 있는지에 대한 정보는 턱없이 부족했다.

9월 3일에 발행한 《오사카 아사히신문》 석간에는 「엄중하게 무장하고 급파/요코스카에서 요코하마로」라는 기사도 실려 있다. 그 내용은 다음과 같다.

【3일 오전 7시 해군 차관 발 요코스카 장관 앞으로】 요코하마 시 이재민의 어려운 상황은 말로 표현할 수 없다. 궁핍한 형세가 매우 악화되고 있고 경찰력도 거의 공백의 상태가 되었다. 따라서 휘하와 귀관 학교 기타 대좌大佐가 지휘하는 부대는 엄중한 무장

하에 시급히 도쿄에 파견하여 치안 유지에 임해야 한다.

기사는 해군 내에서 명령을 전하는 전문을 그대로 보도한다. 이것도 어느 무선 기지에서 감청한 것일 것이다. 이것은 지진 재해 직후 신문이 어떻게 정보를 수집했는지 보여주는 대표적인 사례가 아닐까?

9월 4일 시점의 보도

《오사카 아사히신문》은 9월 4일 도쿄 아사히의 후쿠마 기자가 도착하자마자 호외를 발행했다. 「대혼란의 도쿄」라는 제목을 붙인 앞면은 후쿠마 기자가 가져온 도쿄의 피해를 전한 사진 특집이다. 뒷면은 대부분 후쿠마 기자의 기사다. 「제도帝都 사진을 가져오다/오사카로 제일 먼저 급히 보내다/도쿄 아사히신문사 기자 후쿠마 겐조 도착하다/도보로 지진 재해의 도카이도를 종주」라는 큰 제목을 내세웠다. 기사는 다음과 같이 시작된다.

대재해의 첫째 날인 1일 밤, 때마침 맹화 속에 휩싸여 있는 도쿄 아사히신문사를 뒤로 하고 용감하게도 불바다의 제도 탈출을 기도했다. 오사카 아사히 본사에 참담한 수도의 사진과 통신 기사를 가져갈 중대한 사명을 띠고 1일 오후 10시 자동차로 출발한 도쿄 아사히신문사 기자 후쿠마 겐조는 이후 3일 밤낮으로 대담하게도 불면, 불식, 불휴의 노력을 계속해 기차가 불통하는 도카이도를 돌파해 스소노역에서 승차, 4일 오전 9시에 드디어 본사에 도착함으로써 그 대담한 기획을 완성했다. 그의 자동차는 처음에 후추, 하치오지를 거쳐 여러 어려움을 물리치고 몇 번의 우회 끝에 조후에 이르러 자마에서 사가미가와 철교에 도착했다. 하지만 철교가 파괴되어 결국 자동차를 버려야 했고, 맨발로 걸어서 아쓰기, 히라쓰카에서 도카이도를 걸어 지진이 가장 심했던 험준한 하코네를 걸어나갔다. 간신히 고텐바에서 스소노역에 도착했다. 그가 겪은 어려움은 도저히 글로 표현할 수가 없다. 게다가 당초 그와 똑같은 사명을 띠고 도쿄를 떠난 동료 나카가와와 노다 두 사람은 행방조차 모르게 되었다. 지금까지도 여전히 두 사람의 소식은 밝혀지지 않았다. 이 불요불굴의 위대한 사자使者에 의해 전해진 동도東都의 실황 사진은 실로 일본의 모든 국민이 접한 최초의 대재해의 참모습이다.

이 기사는 기자의 분투를 전하는 동시에 9월 4일 시점에서 재해지의 상황을 보도하는 것이 얼마나 어려웠는지 전한다. 《오사카 아사히신문》에서는 곧바로 후쿠마 기자의 보고 연설회를 중앙공회당에서 열고 "오사카 시민들은 처음으로 지진의 실황을 알고 새삼스럽게 경악했다"고 기록했다.

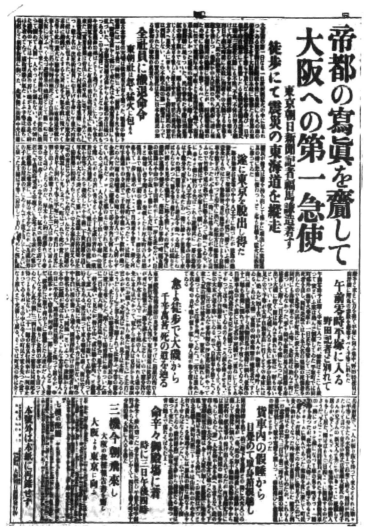

후쿠마 기자가 보도한 9월 4일 《오사카 아사히신문》 호외 뒷면.

램지어 교수가 제시한 기사는 이런 상황에서 보도된 것이었다. 보도한 사실은 이후 확인되지 않은 오보였다. 하지만 만약 내가 신문 기자로 그 자리에 있었다면 어떻게 했을까 하는 생각이 들었다. 경보국장 발신 전문을 기사화하지 않겠다는 선택지는 떠오르지 않았다.

2
우스이 고개의 폭탄 테러 계획

9월 4일 《나고야신문》

램지어 교수는 논문에서 "나고야의 한 신문은 몇몇 조선인은 체포되었을 때 열차를 폭파할 계획을 자백했다고 보도했다"며 9월 4일 《나고야신문》의 「우스이 고개 위에서 열차 폭파를 시도하다」라는 제목의 기사라고 출처를 밝힌다. 이는 램지어 교수가 주로 인용한 『현대사 자료』에서는 찾아볼 수 없는 자료다. 《나고야신문》은 오늘날 《주니치신문》의 전신 중 하나다. 이 자료가 국립 국회도서관에 마이크로필름으로 남아 있는 것은 확인했지만, 인터넷상에서 다시 찾아보니 '산들바람そよ風'이라는 사이트에 기사 사진이 게재되어 있다.

이 온라인 단체를 살펴보니, "매스컴의 편향 보도, 교육의 현장에서의 자학사관 수업 등을 통해 일본의 위기를 느끼고 있습니다" "선조들이 목숨을 걸고 쌓아온 이 훌륭한 나라, 일본을 잃지 않기 위해 우리는 행동합니다"라는 활동 목적을 내걸고 있었다. 군마현에서 2014년에 발행된 소책자가 관동대지진 때 군마현에서도 조선인 학살이 있었다고 주장하며 "학살의 원인이 된 유언비어는 도쿄에서 온 피난자가 가져온 것이며, 실제로는 아무도 본 적이 없다"고 말하는 것에 대한 반론으로서, 이 사이트는 "조선인의 폭동은 실제로 있었다"는 증거로 이 기사를 제시한 것이었다.

《나고야신문》이 보도한 우스이 고개의 폭탄 테러 계획 기사.

기사 말미에 '나가노'라는 작성자 출처가 있다. 『조선인 학살 관련 신문 보도 사료』에서 재인용.

이 사이트에 게재된 사진에 의하면 기사 제목은 「우스이 고개 위에서/열차 폭파를 시도하다/마쓰이다역에서 체포되었다/불령선인의 자백」이다. 이 기사는 램지어 교수의 논문에도 등장한 릿쿄대학 명예교수 야마다 쇼지가 편찬한 『조선인 학살 관련 신문 보도 사료朝鮮人虐

殺関連新聞報道史料』에도 수록되어 있다. 다음과 같은 기사다.

폭탄을 소지한 선인 7~8명이 7시 13분에 마쓰이다역에 하차하자 경계 중인 순사가 체포해 현재 엄중하게 조사 중이다. 그들과 행동을 같이하는 2~3명이 폭탄을 휴대하고 우스이 고개 기슭을 통과하는 열차를 노려 투척할 목적으로 숨어들었다는 것이 판명되었다. 가루이자 와 지방에는 많은 선인들이 살고 있었기 때문에 양자 간에 어떠한 연락이 있을지도 모를 일이다. 가루이자와 경찰은 큰 혼란이 일어나 지금 경계 중이지만 우스이 고개에 숨어든 선인의 행방은 알 수 없다. (나가노)

기사를 처음 읽고 나서 이상하게 생각한 부분은 기사에 날짜가 없는 데다 오전인지 오후인지도 표시되지 않았다는 점이었다. 다시 확인해보니 역시 호외였다. 아마도 무척 서둘러 신문을 발행했을 것이다.

다른 신문에도 비슷한 기사가 있지 않을까 싶어 찾아보니, 9월 5일《하코다테 니치니치신문》석간에 「야수 같은 선인 폭동/마수魔手가 제도에서 지방으로/강도, 강간, 약탈, 살인이 그들의 목적/근위 사단과 제1사단이 필사적인 활동/또 한편으로 죽이거나 포박하다」라는 기사를 찾았다. 그 내용은 "도쿄, 요코하마, 가와구치, 고텐바 방면에서 선인들의 발호가 극심하다. 도쿄 시내처럼 전후 10여 차례 폭동 발생, 폭탄 투하, 강도, 강간, 약탈, 살인 등 온갖 잔학을 자행했다. 근위 사단과 제1사단은 필사적으로 선인 체포에 힘쓰고, 옷차림이 괴이한 선인을 닥치는 대로 포박해 철교에 묶었다"는 등 엄중하게 경계했다는 것이다. 이 때문에 조선인들이 도쿄에서 지방으로 뿔뿔이 흩어지려 한다며 각지의 움직임을 전하고 있다. 근위 사단과 제1사단은 모두 도쿄를 거점으로 한 사단이다. 그 가운데 다음 기사가 있다.

【나가노 정보】 폭탄을 휴대한 선인 7~8명이 3일 오후 7시 13분 마쓰이다역에 하차했지만 경계 중인 순사에게 체포되어 현재 엄중한 조사를 받고 있다. 이들과 행동을 같이하는 2~3명은 폭탄을 휴대하고 우스이 고개를 통과하는 신에쓰선信越線 열차를 노려 폭탄을 투하할 목적으로 우스이 고개에 진입한 것으로 판명되었다. 또 가루이자와 지방에서도 다수의 선인이 들어와 그들 간에 어떤 연락이 있을지 모른다며 가루이자와 경찰서는 큰 혼란에 빠져 현재 경계 중이다. 그러나 우스이 고개에 들어온 선인의 행방은 완전히 불명이다.

기사를 더 찾아보니 9월 5일 《가호쿠신보》에도(니가타 경유 나가노 전보)라는 출처를 밝히고 「불령선인/가루이자와에도 들어오다」라는 제목의 같은 내용의 기사를 보도했다.

《나고야신문》, 《하코다테 니치니치신문》, 《가호쿠신보》의 정보원은 동일하다고 생각할 수 있기에 마쓰이다역에서의 사건이 발생한 것은 3일 저녁이라고 짐작할 수 있다.

철도가 정보원으로

뉴스의 무대는 군마현 안나카시에 있는 신에쓰선의 마쓰이다역이며, 나고야까지는 약 300킬로미터 떨어져 있다. 어떻게 전해진 정보였을까? 단서는 기사의 마지막에 달린 '나가노'라는 출처에 있을 것이다. 이는 나가노에서 발신된 정보임을 나타낸다. 마쓰이다역에서 나가노까지는 현 경계를 넘어 100킬로미터 정도 떨어져 있다.

당시 나가노현 내의 상황은 어떠했을까? 《시나노 마이니치신문》의 사사는 다음과 같이 전한다.

관동대지진이 일어났을 때, 나가노 지방에서는 선반의 물건이 떨어지고, 거리를 걷던 사람들은 전봇대를 붙잡았다. 여진을 두려워한 일부 시민이 젠코지 경내로 피난할 정도였다. 도쿄 방면과의 연락은 곧바로 끊겼고 큰 사고임을 감지할 수 있었다. 경쟁지 《나가노신문》은 몹시 당황해 "진원지는 가와나카지마 방면인가?"라는 호외를 발행했다.

그러나 《시나노 마이니치신문》에서는 철도 담당 야마지 규사부로山路久三郎 기자가 "나가노역보다 시노노이역 방면이 더 크게 느껴졌다. 더욱이 우에다역에서는 많은 물건이 선반에서 떨어졌고, 시내에는 무너진 가옥도 있었다. 고모로역 방면은 그보다 더 심했고, 가루이자와에서 그 앞으로는 전혀 확인할 수 없다"고 편집장에게 연락했다. 그때 미사와三沢는 결단을 내리고, 야마지의 정보를 그대로 기사화하여 "도쿄의 소식 완전히 끊기다"라는 호외를 발행했다. 이것이 대지진의 첫 보도였다. 이어서 "갈 수 있는 곳까지 가라!"고 명령하고 몇몇 특파원을 보냈다.

이 사사를 통해 당시 철도 통신망이 귀중한 정보원이었다는 것을 알 수 있다. 그런 사정은 나가노에 국한된 일은 아니었다.《오사카 마이니치신문》의 사사는 다음과 같이 기록했다.

첫 강진이 전해지면서 본사에서는 곧바로 오사카역과 중앙 전신국, 오사카 측후소에 기자를 급파해 진원지를 확인하려 했다. 오사카 측후소의 관측으로는 진원지가 이즈반도일 것이며, 오사카역에서는 도카이도선의 하라와 스즈카와 부근 동쪽으로 열차가 다닐 수 없었기 때문에 그 근처가 진원지일 것이라고 말했다. 이 정보를 기초로 오후 2시 3분에 "오늘의 대지진"이라는 호외를 냈다. 그 후에 중앙 전신국으로부터 얻은 정보는 요코하마 시가지에

화재가 발생했고, 각 기선이 북새통을 이루고 있다는 것이었다. 이를 접수하고 4시 37분에 두 번째 호외를 발행했다.

당시 사회부 기자는 대부분 8월 21일 아와지섬의 가리야 앞바다에서 벌어진 잠수함 침몰 사고 때문에 그곳에 출장 중이었다. 국내 통신부장 후쿠라 도라오福良虎雄는 주사 오쿠무라 신타로奧村信太郎와 상의해, 본사에 우연히 와서 만난 니시노미야 특치원特置員인 미요시 마사아키三好正明와 연락부원 기미지마 도모노리君島知徳 두 사람을 나고야 지국에 급파했다. 그들은《도쿄 니치니치신문》과 본사와의 연락을 담당함과 동시에 나고야 지국장 오우치 히데마로大内秀麿와 협의해 나고야 철도국으로 모이는 정보를 본사에 전달하는 역할을 했다. 한편 도야마의 특치원 이시구로 겐스케石黒憲輔에게 타전하여 곧바로 도쿄로 급행하게 했다.

그 사이 철도와 전화 등의 수단으로 전해진 보도는 지진 피해가 심대하다는 사실을 파악하기에 충분했다. 그래서 오후 10시에는 네 번째 호외 "요코하마의 커다란 건축물이 대부분 무너졌다, 이외에도 여러 건", 10시 40분에는 다섯 번째 호외 "도쿄시 20개소에 대화재 발생, 아사쿠사의 12층 건물 붕괴"라는 호외를 발행했다. 사원은 오사카역, 중앙 전신국, 히라노고 무전국에 밤새 대기하면서 새로운 정보를 입수하고자 기다렸다.

이렇게 철도의 전신 전화 등 통신 기관을 이용하여 작은 정보

하나라도 놓치지 않으려 애써 노력한 결과가 9월 2일 조간에 실렸다. 그것은 「일본 미증유의 대지진」「요코하마시 전멸」「도쿄시 대화재」「혼조 후카가와 전멸」「아사쿠사, 시타야, 간다도 소실」「도쿄시 수도 궤멸」「사망자 수만 명일지도 모른다」라는 단편적인 보도뿐이었고, 구체적인 상황은 충분히 알 수 없었다.

《오사카 아사히신문》도 살펴보자. 9월 1일에 발행한 호외 네 점을 국립 국회도서관에서 확인할 수 있었다.

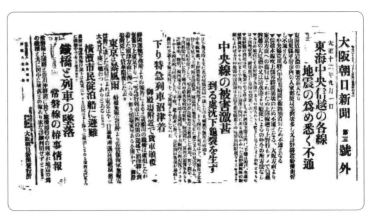

《오사카 아사히신문》이 9월 1일 발행한 호외 중에서 가장 큰 제3호.
대부분 철도 관련 정보로 채워졌다.

제1호는 「오늘 정오의 대지진/도카이도 스즈카와 방면이 진원인가?/1척 남짓 함몰된 스즈카와역」이라는 제목으로 다음과 같이 보도했다.

1일 정오 전후부터 약 5분간 또는 7분간 도카이도 누마즈 부근을 중심으로 근래에 드문 강진이 있었다. 도카이도선 시즈오카현 스즈카와역 부근에서 산사태가 일어나 선로가 파괴되어 열차가 멈췄다. 도쿄발 시모노세키행 급행 제3열차는 꼼짝할 수 없게 되었다. 스즈카와역은 산사태로 약 50센티미터 정도 함몰되어 부근 일대의 피해가 매우 극심했는데, 전신 전화의 불통으로 인해 상세한 내용은 확인할 수 없다. 화물 열차도 동시에 멈춰 섰다.

이어 「전신 전화 모두 불통」이라는 기사가 배치되었다.

강진이 일어날 때까지 온전하게 작동되던 오사카와 도쿄 간 전신 전화는 지진과 동시에 갑자기 불통이 되었다. 도쿄, 시즈오카, 요코하마, 하마마쓰, 삿포로 직통선은 물론, 가나자와와 기타 방면에서의 우회선도 도쿄로는 통하지 않았다. 이 때문에 전화 신청도, 전신 의뢰도 접수가 거절되고 있다. 현재로선 개통 전망이 완전히 불투명하다.

제2호 호외에는 「지진과 스루가만駿河湾의 대해일/후지산 폭발이 변화한 것인가」라는 제목을 사용했다.

도카이도 스즈카와를 중심으로 한 격진은 1일 오전 11시 58분부터 약 5분간에 걸쳐 세 차례 발생했다. 이후 20분이 지나 두 차례, 오후 1시에 이르러 다시 두 차례 흔들림이 반복되었다. 철도 선로의 파손으로 인해 1, 2등 하행 특급 열차는 누마즈에서 멈춰 섰다. 간바라, 이와부치 두 역은 토사로 2체인(chain) 정도 함몰되었다. 일설에는 후지산을 중심으로 산기슭 우키시마 늪이 진원지라고도 하며, 후지산 폭발이 지진으로 변화한 것이라고도 한다. 이 지진과 동시에 미호마쓰바라에 높이 9척 남짓한 해일이 세 차례에 걸쳐 밀려들었고, 스루가만의 해수는 4~5척 불어나 큰 파도를 일으켰다. 이 때문에 인근에서 출어 중이던 어선과 다른 선박들이 큰 타격을 입었다. (시즈오카 전화)

기사 내용 중에 '2체인'이란 무엇일까 확인해보니, 영국의 거리 단위 '체인'으로 1체인은 20미터 정도다. 철도가 영국에서 도입된 것을 알 수 있는 단위다.

제3호 호외는 이날 호외 가운데 가장 길었다. 큰 제목의 기사만 여섯 개다. ① 「도카이도선·주오선·신에쓰선/지진으로 모두 불통」 ②

「주오선의 피해 극심/모든 곳에 침하 균열 발생」③ 「하행 특급 열차 누마즈 도착/고텐바 부근에서 화물차 전복」④ 「도쿄는 폭풍우」⑤ 「요코하마 시민 정박선으로 대피」⑥ 「철교와 열차 추락/조반선의 춘사椿事 정보」 등으로, ④와 ⑤를 제외하면 모두 철도 관련 정보다. 자체 통신망을 통해 국철 내에서 정보가 전달되는 것을 기자가 입수해 기사화했다고 볼 수 있다.

제4호 호외는 톱기사로 「도쿄 시가지에 대화재 발생/도괴倒壊 가옥 많아 시내 대혼란」이라는 표제를 붙였다. 기사를 읽어보면 "1일 오후 5시 20분까지 나고야 운수사무소에 도착한 정보에 의하면"이라고 보도한 것이다. 그 외 두 편의 기사도 「사망자 600~700명에 이른다/고텐바 스루가역의 대참해」, 「도호쿠혼센의 철교도 무너졌다」는 철도 관련의 정보다.

이처럼 철도 정보가 얼마나 귀중한 정보원이었는지 알 수 있다. 국철의 통신 시설은 당시 일반인에게도 개방되었다. 1888년에 '철도 소속 전신전화선 공중통신 취급 규칙'이 칙령으로 제정되어 철도역에서 전보를 보낼 수 있었다. 오늘날과 달리 철도역은 공중 전신의 창구 역할도 맡았다.

'나가노'가 의미하는 것

지금까지 몇몇 사사와 신문 지면을 훑어본 것은 램지어 교수가 논문에 소개하고 있는 《나고야신문》의 기사를 검토하기 위해서다. 이 신문은 군마현의 마쓰이다역에서 발생했다는 체포극을 바탕으로 폭탄 테러 계획을 보도했는데, 어떻게 입수한 정보였는지는 기사 말미의 '나가노'라는 출처 표시로 밝히고 있다. 출처 표기 방법은 신문사마다 달랐던 것으로 보인다. 《나고야신문》의 용법을 알아보려고 다른 기사를 찾아보았는데, 알기 쉬운 용례가 9월 5일 신문에 있었다.

「선인 경계/모두에게 미행을 붙인 나가노현」이라는 제목의 기사는 "나가노현은 군마현과 함께 불령선인에 대한 일대 경계를 실시했다. 또 현 지사는 각 경찰에 선인에 대해 모조리 미행을 붙임과 동시에 엄중히 단속해야 한다는 훈시를 4일 내렸다. (나가노)"라고 보도했다. 이 기사와 관련된 「위험한 물건을 소지/불량한 무리를 인치/경시청에서 200여 명」이라는 제목의 기사는 "1일 저녁부터 경시청 외사과 내선계内鮮係와 고등특별과 관계자 6명이 200여 명의 불량한 무리를 인치해 조사를 벌였다. 이 중 어떤 자는 위험한 물건을 휴대했는데 30여 명은 계속 조사 중이다. (다카사키 전화)"라고 보도했다.

여기서 '다카사키 전화'는 큰 힌트다. 《아사히신문》과 《마이니치신문》의 사사는 도쿄에서 오사카로 연락할 수 있는 경로를 적극적으로 찾는 과정을 기록했다. 그 결과, 두 신문사가 도착한 곳은 모두 군마현의 다카사키였다. 다카사키에서 나고야로 전화가 가능하다는 것을 발견하고, 도쿄에서 다카사키까지 오토바이로 원고를 운반했다. 거기서 전화로 나고야에 원고를 보내고, 나고야에서 오사카로 릴레이로 뉴스를 전했다. '다카사키 전화'라는 출처는 《나고야신문》도 같은 일을 했음을 강하게 시사한다. 이는 다카사키에서 발신한 자사 기자의 원고임을 의미한다고 볼 수 있다. 또한 이 기사는 도쿄에서 경시청의 동향을 정리한 것으로 기자가 개입하지 않으면 쓸 수 없는 내용이라는 것도 이를 뒷받침한다.

그렇다면 '나가노'는 무엇을 의미하는 것일까? 《나고야신문》의 기자가 나가노에서 발신했다면 '나가노 전화'라고 썼을 것이다. 통신사는 송고 수단을 잃었기 때문에 그 가능성은 없다. 어쨌든 출처를 '나가노'라고 쓴 것은 이 정보가 나가노에서 어떤 수단을 통해 발신된 것이고, 그것을 《나고야신문》이 입수했다는 것을 의미한다고 할 수 있다. 《하코다테 니치니치신문》의 '나가노 정보'라는 출처도 같은 의미일 것이다. 《나고야신문》에 '나가노' 출처의 기사는 그밖에도 매우 많다. 이 기사들은 모두 정보가 계속 나가노에서 발신되었음을 말한다.

그러면 정보원이 또 있었을까? 이는 철도 말고는 다른 것을 생각할 수 없다. 즉, 철도 네트워크를 통해 나가노에서 발신된 정보를 나고야에서 입수해 기사화한 것이다. 「선인 경계/모두에게 미행을 붙인 나가노현」이라는 기사의 경우, 나가노현 관청에서 나온 새로운 방침에 관한 통지가 나가노의 국철 출장 기관에 도착했고, 그것을 나고야에 보고했을 것이라는 정황을 추정할 수 있다.

《오사카 마이니치신문》의 사사가 보여주듯이, 《나고야신문》도 나고야 철도국 등에 기자를 붙였을 것이고, 거기서 보고 들은 정보를 기사화했다고 생각할 수 있다. 당시 철도성 직원록을 확인해보니 철도국은 도쿄, 나고야, 고베, 모지, 센다이, 삿포로 등 전국 여섯 곳에 설치돼 있었다. 나가노에는 운수사무소가 있었고, 나고야 철도국 소속의 조직이었다. 중요하다고 판단되는 정보가 있으면 나가노에서 나고야로 보고하는 것이 당연한 업무였을 것이다. 《가호쿠신보》의 '니가타 경유 나가노 전보' 출처는 나가노 발신 정보가 니가타 경유로 센다이에 도착한 것을 의미하는데, 니가타는 센다이 철도국의 소속이었다.

지진 직후에는 "가루이자와에서 그 앞으로는 전혀 확인할 수 없는" 상태였지만 가루이자와에서 우스이 고개를 넘어 도쿄로 향하는 신에쓰선은 지진 피해가 비교적 경미했다. 《시나노 마이니치신문》의 사사는 신에쓰선을 이용해 기자가 도쿄로 향했음을 전하는 기사를 수록한다. "본사의 명을 받아 2일 밤, 신에쓰선을 통해 급행. 최종 운전 역이던 가와구치역에서 내려 불타오르는 도쿄를 향해 도보로 강행했다"고 보도했다. 《나고야신문》에도 신에쓰선 경유 기자가 도쿄로 향했음을 알리는 기사가 보인다. 《오사카 마이니치신문》에는 나고야에서 신에쓰선을 경유하여 가와구치까지 가는 열차가 3일부터 하루 네 번 운행을 시작할 거라는 기사도 보인다. 그것만으로는 승객을 처리할 수 없어 오사카에서 호쿠리쿠선의 나오에쓰 경유 열차가 운행된다는 기사도 있고, 오사카와 가와구치 간의 소요 시간은 최장 27시간 17분이라는 보도도 있다.

반면 진앙에 가까운 도카이도선과 주오선은 피해가 극심해 운행이 불가능했다. 모든 노선이 다시 개통한 날은 주오선이 10월 25일, 도카이도선은 10월 28일이었다. 조에쓰선은 개통되기 전이었기 때문에, 달리 생각할 수 있는 것은 도호쿠선으로 후쿠시마현의 고리야마까지 가서 반에쓰사이선으로 아이즈를 지나 니가타로 돌아가는 루트 정도였다. 도쿄에서 서쪽으로 향하려면 신에쓰선에 의지할 수밖에 없었다. 철도 통신망도 마찬가지 사정이었을 것으로 보인다. 지진 재해의 정보는 신에쓰선의 회선을 통해서 나가노에 전해져 거기서 나고야를 경유해 서쪽으로 전해졌다.

지진 재해 당시의 국철 업무일지에 의하면, 고베 철도국의 2일 자 기록에 "나고야 철도국의 통신을 통해 재해의 내용이 점차 밝혀져 의외로 중요한 사실을 알게 되었다"고 적혀 있다. 신에쓰선 루트로 나고야에 전해진 정보가 고베에 도착했다는 것을 알 수 있다. 게다가 당시에 도쿄를 탈출하려는 움직임도 활발했다. 서쪽으로 향하려는 사람들이 신에쓰선으로 몰려들었다.

철도 주변의 환경

이 기사를 이해하려면 지진 직후의 철도와 그 주변의 분위기를 파악할 필요가 있다. 9월 5일 전후, 《가호쿠신보》 지면에는 센다이역에 도착한 몇몇 피난민들의 경험과 목격담이 게재되었다.

　도호쿠 본선을 타려고 했는데, 피난민이 너무 많아 객차의 지붕까지 올라탈 수밖에 없었다. 나도 오야마역까지는 지붕 위에 올라타고 갔다. 그러나 열차 안에서 선인을 빨리 죽이라는 소동이 일어나는 바람에 기차는 각 역마다 정차해 시간을 지체했다. 센다이역까지 두세 곳에서 선인으로 지목되어 군중에 의해 맞아 쓰러진 자가 있었다. 진짜 불령선인인지 지친 피난민인지 의심스러웠다. 시라카와역까지 열차에도 '국수회国粹会'라고 적힌 견장을 찬 청년들이 올라타 경계를 섰다. 그 태도가 오만불손한데도 모두 눈 뜨고 볼 수밖에 없었다. 도쿄 시내는 물론 열차 안도 모두 전시 상태였다. 살기가 넘쳐 잠시도 편안하지 않을 정도였다. 센다이에서도 경관이 한 명의 남자를 선인이라며 데려갔는데 뭐라 말할 수 없는 기분이었다.

　닛포리와 아카바네, 가와구치와 오미야 그리고 우쓰노미야에서 출발해 후쿠시마에서 갈아타 겨우 센다이에 도착했다. 각 역에서는 학교, 청년단, 부인회의 구호반을 통해 식량을 배급받아 만족했지만, 기차 안에 조선인이 있는지 없는지 경관과 역무원이 손전등으로 비춰 직접 확인하는 등 무시무시한 상황이었다. 우쓰노미야에서는 닛코의 황실 별장을 습격하기 위해 탑승한 불령선인 10여 명 중 폭탄을 휴대한 선인 4명을 붙잡아 죽이는 소동이 있었다. 닛포리 부근에서는 전선에 손을 뒤로 결박당한 조선인을 길가에서 때려죽이는 것을 보았다. 전율에 가득 찬 대참해였다.

센다이역의 물샐틈없는 경계는 대단했다. 열차가 도착할 때마다 선인을 찾아내려고 쇠갈고리, 곤봉을 든 자경단원들이 승강장에 몰려들어 눈을 번뜩였다. 조금이라도 수상한 모습을 보이면 이를 둘러싸고 타도하려는 모습으로 센다이역은 살기가 넘쳐흘렀다. 민중은 매우 흥분했다. 군중심리에 부화뇌동하여 마구 소동을 벌였다. 아무 죄도 없는 양민에게 상처를 주는 행위는 삼가야 한다. 실제로 선인으로 오인된 훌륭한 일본인이 군중의 위협에 극도로 공포를 느껴 도주했는데, 조선인이라며 죽여버리라고 함성을 지르며 쫓아갔다. 한 명은 경찰관이 신변을 보호하여 일이 일어나지 않았지만, 다른 한 명은 누군가로부터 등에 쇠갈고리를 맞아 두 군데나 중상을 입었다. 그는 중앙독지회의 치료를 받고 센다이좌仙台座에 수용되었다.

《가호쿠신보》가 전한 것은 도호쿠선의 철로 주변 풍경이다. 신에쓰선 방면은 어떠했을까? 9월 5일 《나고야신문》에 「폭탄을 든 불령한 무리가 죽었다/우스이 고개 동쪽 방면은 살기에 차 있다」는 기사가 있다. "3일 밤, 후카야에서 2명, 다카사키에서 3명의 불령한 무리가 폭탄을 소지하고 있는 것을 다카사키 사람들이 발견했다. 그 5명은 쇠갈고리와 곤봉 등으로 죽임을 당했다. 우스이 고개 동쪽 방면은 선인에 대한 일반 사람들의 감정은 매우 살기에 차 있다. (나가노)"고 전한다. 6일과 7일 자 《나고야신문》에는 도쿄에서 나고야로 돌아온 기자의 르포가 실려 있다. 3일에 도쿄에서 출발한 열차 안에는 조선인 조사가 엄격했다. 기자는 자신을 조선인으로 착각하면 어쩌나 걱정했지만 그런 분위기는 점점 옅어졌다고 전한다. "기차가 우스이 터널을 빠져나간 뒤에는 선인에 대한 분위기가 완전히 별천지에 들어간 것 같다" "기소후쿠시마에 이르자 다수의 선인이 우르르 우리 열차에 올라오는 것을 아무도 의아하게 생각하지 않았다"고 보도했다.

기사가 만들어진 배경

'우스이 고개의 폭탄 테러 계획'이라는 기사가 나온 배경을 대략 짐작할 수 있을 듯하다. 신에쓰선은 일본 열도의 동서를 잇는 거의 유일한 루트였다. 철로에서 으뜸가는 험지인 우스이 고개는 터널이 연속적으로 이어지고 증기 기관이 내뿜는 연기로 인해 운전자가 질식할 위험까지 있다. 열차 지붕까지 승객으로 가득 채운 상태로는 도저히 넘을 수 없다. 뉴스의 발단이 된 마쓰이다역은 그 고개로 들어가는 입구라고 할 수 있는, 갈지자 모양의 선로인 스위치백이 설치된 규모가 큰 역이었다. 아마도 피난민들로 북적거렸을 것이다. 그 안에서 자경단은 조선인을 찾아다녔고, 어떤 소동이 일어났다. 그 정보가 철도 통신망을 통해 현 경계를 넘어 나가노로 전해졌다. 나가노의 철도원은 우스이 고개 동쪽 방면의 상황이 매우 긴박하다는 것을 파악했다. 그들은 가루이자와의 동향을 포함해 나고야 철도국에 보고했고, 그것이 국철 내에서 전달되었다고 생각할 수 있다. 열차를 향해 폭탄을 던질 계획이 드러났다는 이야기는 철도 관계자들에게는 매우 중요했다. 경계를 촉구하기 위해서라도 긴급하게 전국에 알려야 할 정보였을 것이다.

철로를 따라 전국을 연결하는 국철 통신망을 통해 전언 게임처럼 전해진 정보였다. 그것을 《나고야신문》 기자가 나고야의 철도 관련 시설에서 입수해 기사화했다고 볼 수 있다. '열차에 폭탄'이라고 하니 그 사태는 심각했다. 호외를 발행하겠다는 판단도 당연했을 것이다. 이 기사가 보도한 범죄가 이후 수사에서 어떻게 밝혀졌는지에 대한 기록은 찾아볼 수 없다. 오보였다고 생각할 수밖에 없다. 왜 그런 기사가 나오고 호외가 발행됐는지 그 윤곽이 드러나는 듯하다.

이렇게 살펴보면 이 기사의 해석에서도 램지어 교수의 견해에 동의할 수 없다.

제4장

10월 20일 전후의 신문 기사

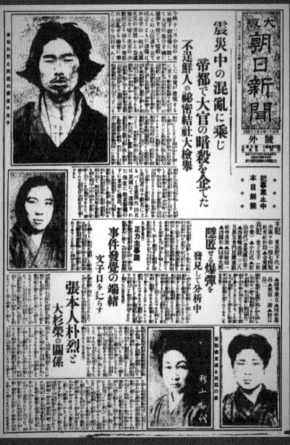

《오사카 아사히신문》이 발행한 「박열 대역 사건」의 호외.

1
조선인과 관련된 보도 해금

램지어 교수가 논문에 인용한 신문 기사는 시기에 따라 크게 두 가지로 분류할 수 있다. 그중 하나는 지진 재해 직후 혼란기의 기사로, 지금까지 확인한 것들이 그 시기에 해당한다.

조목별로 보도한 23가지 범죄

다른 하나는 1923년 10월 20일 이후의 조선인 범죄 기사다. 램지어 교수 논문에 소개된 10월 21일 《도쿄 니치니치신문》에 "조선인의 방화, 다이너마이트를 사용한 폭파, 그리고 일반적 폭행에 대해 직접 얻은 정보를 상세히 보도한다"고 쓰인 기사가 전형적인 예다. 신문 2면에 「지진의 혼란을 틈타 선인의 끝없는 폭행, 길에서 내지 부인을 습격해 살해 강도 방화를 곳곳에서」라는 제목의 기사는 다음과 같이 보도한다.

이번 지진 재해에 즈음해 선인이 불법행위를 일삼은 사실이 많이 전해졌다. 소식통이 조사한 바에 의하면, 일반 선인은 대체로 순량하지만, 일부 불령한 무리가 수많은 범죄를 저질렀다. 그 대략

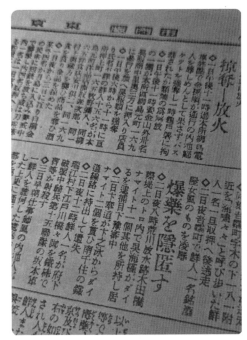

램지어 교수가
조선인 범죄가
제시되었다고 지적한
10월 21일
《도쿄 니치니치신문》.

기호 ◇를 붙여
사법성의 발표를 열거한다.

적인 내용은 다음과 같다.

◇ 9월 1일 오후 6시 무렵 혼조 나카노고 부근에서 정희영은
이재민에게 의류와 도구를 탈취.

◇ 1일 오후 8시 넘어 성명 미상의 선인 1명이 니혼바시구 기타
사야정 이치고쿠 다리 부근의 오타니 창고에 방화.

◇ 1일 오후 11시 넘어 혼조 야나기시마 전철 종점에서 김손순

이 통행하던 내지 부인을 능욕하고 손바구니를 강탈하여 일시 가메이도 경찰서에 구금되었다가 불이 옮겨붙어 석방.

◇ 1일 오후 11시, 강금산 외 30명의 한 그룹이 혼조구 야나기시마 모토정 169번지, 포목상 나가사토 오쿠미中里奥三 집에 몰려 들어와 점원을 폭행하고 포목류를 강탈.

◇ 1일 오후 6시부터 11시에 걸쳐 성명 미상의 선인 15~16명이 혼조 오시아게정 165번지의 마키노 야하치牧野弥八, 야나기시마 모토정 양품점의 가토리 고지로鹿取孝次郎, 165번지 양식점의 야스다 구지安田倶二, 169번지의 무라카미 요조村上与蔵 집을 습격해 물건을 빼앗고 술과 금품을 강탈.

◇ 2일 오후 2시, 선인 3명은 후카가와 도미카와정 35번지 다카하시 가쓰지高橋勝治를 흉기로 상처를 입히고 현금을 강탈하려다 저항 때문에 도주.

◇ 2일 밤 10시, 미나미카츠시카군 기다정 요쓰키아라카와 방수로 제방 위에서 선인 4명이 피난 중인 16~17살의 여성을 욕되게 한 후 살해하여 아라카와에 투기.

◇ 2일 밤 10시 무렵, 시내 고마쓰가와정과 신정 3962번지 뒤편을 에노모토 도요키치榎本豊吉가 야경 중, 수상한 선인 1명을 발견. 선인은 곤봉으로 도요키치의 이마를 때리고 도주하다가 군중에 붙잡혔지만, 가메이도 소학교에서 응급 처치 중 도주.

위와 같은 내용이 조선인 범죄라며 계속 이어진다. ◇의 수는 모두 23개였다. 「폭약을 은닉하다」라는 작은 제목에 이어 다음과 같은 내용도 보도되었다.

◇ 2일 밤 8시, 아라카와 방수로 기다바시 제방 위 트럭에서 오해근이 다이너마이트 11개와 다른 것을 소지하고 있는 것을 확인하고 체포. 현재 예심 중.

◇ 2일, 변봉도가 변지영으로부터 다이너마이트 2개를 받아 미나미센주 철도 선로로 반출하여 유실.

◇ 2일 밤 12시, 선인 1명이 시내 미즈에무라 밑의 에도가와 다리 교각을 철봉으로 파괴 중. 기병 제15연대 사카모토坂本 군조軍曹 등이 사살.

◇ 3일 아침 9시, 일본 옷을 입은 자칭 이왕원이 독약 아비산亜砒酸을 들고 혼조 기쿠가와정 부근의 유일한 식수인 소화전 부근을 방황 중 군중에게 붙잡히자 식염이라고 강변하고 무리하게 삼켜 순식간에 사망.

이 밖에도 "자경단원인 것처럼 가장한 선인 1명, 피난자의 틈을 엿보다 붙잡혔다가 도주했다"거나 "폭탄이 든 손가방을 든 선인 4명, 통행 중인 청년단에 붙잡혔지만 도주했다" 등의 기사가 게재되었다. 비교적 경미해 보이는 범죄는 확인할 길이 없다. 하지만 앞에서 몇 차례 소개한 '고토 신페이 문서'를 통해 확인했듯이, 살인, 방화, 독 살포, 강간 등은 존재하지 않았다. 그런데 존재하지도 않은 범죄가 위와 같이 실제 있었던 것처럼, 그것도 지진 재해로부터 50일이나 지나서 보도되었다. 왜 그런 일이 벌어졌을까?

2단계 보도 해금

정부는 10월 20일에 지진 재해 직후부터 조선인에 관한 보도를 해금했다. 도쿠토미 소호德富蘇峰(일본의 언론인이자 비평가—옮긴이)가 이끈《고쿠민신문》이 그 경위를 보도한다. 그에 따르면, 보도 해금은 2단계로 이뤄진 것 같지만 좀 이해하기 어려운 부분이 있다.

우선 오후 1시, 경시청은 '일본인이 선인으로 오인되어 살해된 것, 또 일부 불령선인이 일본인을 살상한 사건'이 해금되어 이 사실을 발표했다. 다음 날《고쿠민신문》에는 「선인으로 오인되어/다수 일본인도 참사/가메이도, 센주, 시나가와 등에서」 「중국인을 잘못해서 베다」 「조선인 부인도 베서 죽음에 이름」 「가메이도를 중심으로 살해 범인 체포」라는 기사가 연이어 게재되었다. 조선인으로 오인되어 일본인이 살해당한 사건이 발표된 기사들 가운데 핵심이었던 것 같다. '범인 체포'는 조선인을 살해한 일본인의 체포를 전하는 것이지만, 가장 수가 많았을 조선인 학살 범죄는 어딘가 무대 뒤로 물러난 인상이다.

그리고 오후 2시 45분, 사법 당국은 '조선인 범죄 중 일부만 한정해' 해금한다고 밝혔다. 이에 관해 사법 당국은 "일반 선인은 대체로 순량하다고 인정되지만, 일부 불령한 패거리가 있다. 그들은 수많은 범죄를 감행했고, 그 사실이 널리 퍼져 재해로 인한 민심이 불안해지고 공포와 흥분이 극에 달했다. 이따금 무고한 선인 또는 내지인을 불령선인으로 잘못 알고 자위의 뜻으로 위해를 가한 사범이 생겼다"는 설명이다. 이것은 매우 이해하기 어려운 설명이다. 기사를 살펴보면, 자경단 등 일본인이 자행한 폭행을 경시청이 조선인의 범죄로 둔갑시켜 사법성이 발표했다고 판단할 수 있다. 램지어 교수가 지적한 ◇로 열거된 기사가 23개나 게재된 《도쿄 니치니치신문》 기사에 있는 '당국'이란 사법성, 즉 검찰 당국이 발표한 것을 말한다.

치안 당국은 유언비어로 인식

그렇다 하더라도 의문스러운 것은 ◇로 열거된, 조선인의 범죄로 여겨지는 내용들이다. 11월 15일의 사법성 조사 결과를 나타내는 '고토신페이 문서'에는 조선인에 의한 중대한 범죄는 찾아볼 수 없다. 그렇다면 10월 20일에 보도 발표된 뒤, 이후의 조사나 수사에서 범죄가 아니라고 판명된 것일까? 이와 관련된 신문 관계자의 발언을 찾아보았다. 9월 8일 《도쿄 니치니치신문》에 「선인의 폭탄/사실은 사과/어이가 없는 유언비어」라는 기사가 발견되었다.

유아사 구라헤이湯淺倉平 경시총감은 탁상에 두 개의 주먹밥과 절인 일본 김치를 놓고 수돗물을 마시면서 선인 폭행의 풍문을 개탄하고 다음과 같이 말했다.

"이번 미증유의 참상에 대해 이재민이 당황한 것은 이해할 수 있지만, 선인 폭행에 풍성학려風声鶴唳하여 거의 상궤를 벗어난 행동에 나선 자가 있었던 것은 유감천만이다. 그 일례를 말하자면, 선인들이 폭탄을 들고 있다고 해서 체포해보니 사과였다. 식초를 엎지른 주부가 이를 면[綿]에 묻혀 대야 속에 다시 넣었더니 청년단 사람들은 방화용 석유로 오인했다. 그 주부가 아무리 변명해도 듣지 않고, 급기야 주부가 선인의 편을 든다며 폭행을 가한 사실도 있다. 그밖에도 찾아보면 웃지 못할 사건이 많다. 금기와 정도를 지키지 못한 국민이 참으로 여러 외국에 부끄러운 바이다. 더구나 이런 뜬소문에 현혹되어 조선인을 폭행한 것은 조선 통치에서도 걱정스러운 일이 아닐 수 없다."

'풍성학려'란 말은 패배한 병사가 바람 소리와 학의 울음소리에도 겁을 먹었다는 중국의 고사에서 유래한 것으로 사소한 일에도 겁을 내는 모습을 가리킨다.

지진 재해를 연구해온 역사학자 야마다 쇼지는 전국의 도서관을 찾아 당시의 신문을 꼼꼼히 조사하고, 도쿄의 검찰 수장인 미나미타니 지테이南谷知悌 검사정檢事正(일제 강점기에 지방 재판소 검사국의 우두머리를 이르던 말. 지금의 검사장에 해당한다―옮긴이)의 다음과 같은 담화를 여러 신문에서 찾아냈다.

> 이번 대지진 때 불령선인이 제도로 발호하고 있다는 풍설에 대해 당국에서도 상당히 경계하여 조사하고 있지만, 유언비어만 횡행할 뿐이다. 7일 저녁까지 그런 사실은 절대 없다. 물론 선인 중에는 불량배도 있으니 경찰서에서 검속鈐束해 엄중히 조사 중이다. 어쩌면 약간의 절도죄나 기타 범죄인이 나올지 몰라도 유언비어와 같은 범죄는 절대 없을 것으로 믿는다.

통신사가 배포한 기사겠지만, 이를 다룬 가장 빠른 신문이 9월 9일자 지면이므로, 이 검사정의 담화는 8일의 발언으로 예상된다.

경시총감과 검사정이라는 도쿄의 치안을 담당한 수장 두 명의 발언은 사실상 공통점이 있다. 이 시점은 지진 재해로부터 거의 일주일이 지난 때다. 수사 결과, 이들은 유언비어의 정체가 무엇이었는지를 파악했다는 것을 의미한다. 그 내용은 '고토 신페이 문서'가 말한 맥락과 일치한다. 즉, 치안 당국은 이 시점에서 유언비어와 같은 조선인의 중대한 범죄는 존재하지 않았다는 것을 알고 있었다. 설령 범죄가 있다 하더라도 절도와 같은 정도의 가벼운 것으로, 그것은 혼란 속에서 어떤 민족을 불문하고 일어날 수 있는 범죄였다고 치안 당국은 인식하고 있었다.

본격화된 자경단 적발

그렇다면 10월 20일에 발표된 조선인의 범죄란 무엇이었을까? 단서가 어디에 없을까 하며 그동안의 신문을 읽어보았다. 흥미로운 기사를 몇 개 발견했다. 10월 3일 《고쿠민신문》에는 「약탈 살인/200명 체포/자경단 검거」라는 기사가 보인다.

자경단의 약탈 살인은 시군 각처에서 일어났다. 경시청에서 치안을 유지하기 어려워 마침내 대검거에 착수했다. 1일 밤, 경시청 수사과 전원은 가메이도, 고마쓰가와, 데라시마의 세 방면으로 출동했다. 밤을 새우면서 폭행 사실을 조사한 결과, 2일 아침 데라시마 경찰서는 아리마쓰有松 지능범 계장, 가메이도 경찰서는 나카무라中村 강력범 계장이 각각 지휘관이 되어 부하를 독려하여 흉행용 흉기와 곤봉을 압수했다. 각 주임은 엄중한 조사를 벌였고, 적어도 가메이도 경찰서 관내에서 100명, 데라시마에서 120명, 고마쓰가와에서 80명 정도 검거했다. 취조를 마친 1건은 서류와 함께 검사국에 송치했다. 또한 이 지역의 검거가 끝나면 이어서 오모리, 시나가와, 스가모, 오우지, 시부야, 요쓰야, 메구로 지역으로 손을 뻗어 철저히 검거할 것이다.

자경단의 범죄를 적발하려는 시도가 10월에 들어와 본격화된 것을 알 수 있다. 또한 10월 14일 《요미우리신문》에는 「모 중대 사건/조만간 발표될 듯/게재 금지되었지만/우리 입장을 밝히기 위해」라는 기사가 게재되었다.

일본 전국에 걸쳐 신문 잡지의 기사 게재를 금지한 지진 후의 혼잡 속에서 일어난 모 중대 사건은 드디어 10일 이내에 그 금지가 해제될 것이다. 이 사건은 도쿄를 비롯해 가까운 현과도 연계된 일이다. 이 발표는 우리나라가 여러 오해를 받을 염려가 있어 당국에서도 심각하게 생각했다. 지금 모 현의 범죄 조사가 다소 남아 있지만 대부분 진상이 드러났다. 들은 바에 따르면, 지금 이 사건을 발표하는 것이 오히려 우리나라 입장을 공명하게 하는 것이라는 당국의 의향과 일치되어 발표 단계에 이르는 모양이다.

이 기사에서 언급되는 '모 중대 사건'은 조선인 학살일 것이다. 자경단에 대한 재판이 10월 하순에 시작되었고, 보도를 언제까지나 계속 금지할 수 없었다. 10월 8일에는 아마카스 마사히코甘粕正彦 헌병 대위에 의한 오스기 사카에大杉栄 등의 학살 사건 보도가 해금되었다.

2
시민의 반응

헌법학자 우에스기 신키치의 비판

10월 14일 《고쿠민신문》에는 「경찰 관헌의 명답을 요구한다」라는 기사가 게재되었다. 천황주권설을 주장한 헌법학자로 알려진 우에스기 신키치上杉慎吉 도쿄제국대학 교수가 문제를 제기한 글이다.

나는 수백만 시민을 대표해 다음 5개 조의 간명한 의문을 들어 경찰 관헌의 책임에 관해 명쾌한 답을 얻고자 한다.

1. 9월 2일부터 3일까지 지진 재해지 일대에 ○○ 습격, 방화, 폭행 등의 와전, 유언비어가 전파되어 민심은 극도의 불안에 빠졌다. 관동 전체를 통틀어 동란動亂의 정황을 드러낸 것은 주로 경찰 관헌이며, 그들은 자동차, 포스터, 구두 전달자 등을 도구로 하여 과장된 선전을 펼쳤다. 이는 시민 모두가 목격하고 체험한 의심할 수 없는 사실이다. 하지만 결국 이는 전혀 사실이 아닌 허보虛報라고 밝혀지고 관헌은 애써 언명하여 무마하고 있는 바다. 그렇다면 경찰 관헌이 근거 없는 유언비어를 유포해 민심을 뒤숭숭하게 하고 재해와 화재의 참화를 더욱 키운 데에 책임을 져야 할 것이다.

2. 당시 경찰 관헌은 시민을 향해서 ○○○○의 검거에 적극적으로 조력해야 한다며 자위, 자경할 것을 최대한 권유하여 무기 휴대를 용인했다. 그리고 일반인들이 힘에 부치면 그들을 죽여도 괜찮다고 믿도록 만들었다. 이를 믿고 구타하거나 살상을 자행한 사람은 도처에 적지 않다. 이들 자경단 및 기타 폭행자는 물론 검거 처벌해야 마땅하지만, 이에 대한 관헌의 책임은 어떻게 할 것인가?

3. 설령 경찰 관헌이 이를 권유 교사한 것이 아니더라도, 그토록 큰 소요와 폭행이 일어났고 이를 예방도 진압도 하지 못한 직무에 대한 책임은 어떻게 하겠는가?

4. 당시 경찰 관헌은 일반 사람들을 구별하지 않고 검거해 구타했다. 마침내 그들을 살육하고, 그 시체를 불태워버린 것은 가메이도 사건에서도 보인다. 이런 경찰 관헌의 폭행에는 군대도 협동했다는 것인데 경찰 관헌은 책임이 없다고 할 수 없다.

5. 헌병이 오스기를 죽인 사건에는 경찰 관헌의 승인, 양해 또는 의뢰, 권유가 있었을 것으로 의심되고 있다. 헌병 측에서는 이미 혐의가 있다며 아마카스 대위를 군법회의에 이관했다. 그가 오스기와 이토 노에伊藤野枝와 아이까지 세 명을 죽였다는 사실은 아직도 의심스럽지만, 결국 사령관까지 책임을 떠안았다. 경찰과 정부에서도 즉각 파면 및 기타 책임을 분명하게 밝히는 조치를 취해야 할 것이다. 자세히 논하면 논할 것들이 많지만, 명료를 기하기 위해 위

의 다섯 가지 골자만을 말한다. 이를 말하는 이유는 이 정도의 이면이 밝혀지지 않으면 수백만 시민의 마음이 진정되지 않기 때문이다.

위의 우에스키 교수의 글에서 부호로 처리된 ○○는 선인, ○○○○는 불령선인일 것이다. 이런 기사가 게재된 것은 조선인 학살을 법적으로 어떻게 처리하느냐가 사회문제가 되었기 때문이다. 조선인 학살은 공공연한 장소에서 자행되었고 많은 사람이 목격했으니, 일본이 법치국가인 이상 이를 전혀 없었던 일로 할 수는 없었다. 군과 경찰이 관여한 사실도 많은 사람이 목격했지만, 자경단의 잘못으로 돌리며 모든 책임을 떠넘기려는 움직임이 역력했다. 이에 대해, 자경단은 물론 일반 시민들 사이에서도 의문점이 증폭되었다는 것을 우에스기의 발언이 드러내고 있다. 자경단은 경찰에 협조하거나 지시를 따랐을 뿐인데도, 경찰은 죄를 그들에게 뒤집어씌우려 했다. 오스기 사카에 학살 사건은 육군 계엄사령관에게 책임을 물어 경질시켰지만, 경찰은 아무도 책임을 지지 않았다. 일반 시민의 입장에서는 납득할 수 없는 일이었다. 이 글은 당시 가장 영향력 있던 법학자의 발언이었다.

사설에 보이는 신문의 고뇌

10월 20일 《요미우리신문》은 「중대 사건이/오늘 발표된다/한편 요도바시 사건은 조만간/기소, 불기소가 결정된다」고 보도했다.

    며칠째 불면, 불휴의 활동을 계속하던 도쿄 지방법원 검사국은 지난 19일에 갑자기 활기를 띠었다. 오전 10시, 스즈키鈴木 검찰총장은 하야시林 형사국장, 미나미타니 검사정, 고야마小山 검사를 자신의 사무실로 초청해 약 두 시간에 걸쳐 밀의를 거듭했다. 더욱이 요요기의 육군 교도소로 출장 나갔던 이와마쓰岩松 검사는 사법성의 후루타古田 참사관과 함께 내무성 경보국에 가서 오카다岡田 국장, 육군성의 마쓰모토松本 법무관 등과 저녁 시간까지 숙의를 거듭했다.

    한편 경시청 쇼리키正力 관방주사는 오후에 검사국의 시오노塩野 차석 검사를 방문해 약 한 시간에 걸쳐 협의했다. 이는 대지진 이후 금지되었던 모 중대 사건의 보도 해금에 관한 것이었다. 3항으로 이루어진 이 사건 가운데 1항은 현재 수사 중이다. 사안이 중대해서 신중하게 심의를 거듭할 것이며, 결국은 영구히 발표되지 않을 것이라고 한다. 나머지 2항은 지금 20일 오후에 해금될 것이지만, 그것도 일부분에 불과하여 지금은 자유롭게 말할 수 없다는 것이다. 더욱이 아마가스 사건과 관련된 요도바시 경찰서 사건은 이와마쓰, 오비가네帶金 두 검사가 연일 모처에서 조사 중이므로 금명간 기소 또는 불기소가 결정될 것이다.

이는 중대한 사건인 만큼 기자가 달라붙어 취재하고 있었을 것이다. 사회의 관심이 그만큼 높았다는 걸 보여준다. '영구히 발표되지 않을 것'은 조선인 학살 가운데 군이 직접 관여한 사안을 지칭한다. 기사의 보도처럼 이는 결국 발표되지 않았다.

10월 20일의 보도 해금 이후, 다음 날인 21일 《요미우리신문》은 「발표한 것은/수사에 해가 없는 정도의 것/전부는 기회를 보고」라는 제목으로 사법성의 하야시 형사국장의 담화를 다음과 같이 보도했다.

아직 수사 중인 사안이 많아 전부를 말할 수는 없다. 따라서 수사상 해가 되지 않을 정도의 말을 했을 뿐, 모든 발표는 기회를 봐서 이루어질 것이다. 이번 기회에 한마디 전하고 싶은 것은 사법성 담화 이외의 내용은 불확실한 것이며, 만약 담화 이외 사실을 공표하면 법을 통해 엄중히 처벌받는다는 것이다. 최근까지도 과대하게 보도하거나 유언비어를 흘린다고 들었지만, 앞으로는 절대로 이런 일이 없도록 주의 바란다.

"법"이란 '치안 유지령'을 지칭한 것으로, 발표 이외에 제멋대로 기사를 쓰면 용서하지 않겠다는 신문에 대한 강한 견제다. 그리고 "전부를 말할 수 없다"는 것은 그 이후도 말하지 않았고, 지금까지도 그렇다. 같은 날 지면에는 「지진의 혼란을 틈타/선인이 저지른 흉포/약탈, 방화, 흉기·폭탄·독약 휴대/중에는 부인 능욕도 있다/다만 일반 선인은 순량─사법 당국 담談」이라는 기사도 실려 있다.

지진 재해의 혼란과 민심이 분란한 틈을 타 이루어진 불령선인의 악행은 과대하게 보도되어 사람들은 그 진상을 알기 힘들다. 더구나 당국이 신문 기사를 금지하는 바람에 당시 기재할 수 없었지만, 사건은 20일에야 보도의 자유를 얻었다. 이에 대해 사법 당국은 이번 변재 때 선인 중 불법행위를 자행한 자가 많다고 널리 선전했다. 하지만 지금 소식통이 조사한 바에 따르면, 일반 선인은 대체로 순량했다고 인정할 수 있으나, 일부 불령한 무리가 있어 몇몇 범죄를 감행한 것도 사실이라고 밝혔다.

이 신문에는 「쇼리키 관방주사가 말하길」이라는 경시청의 주장도 게재되었다.

경시청으로서는 당시 최선의 노력을 다했지만, 시민들이 각자 자경단을 조직해 무기 등을 들고나와 경계했다. 그리고 근거 없는 풍설을 믿고 이런 사건을 속발한 것은 유감스럽기 짝이 없다. 경찰에서 선동했다는 것은 완전히 거짓말이다.

《요미우리신문》이 「선인 폭동 사건」이라는 제목의 긴 사설을 게재한 것은 10월 22일 지면이다.

미증유의 대지진 화재에 또 하나의 대공포와 공황을 안겨준 바 있는 선인 폭동 사건의 진상이 어제서야 보도 금지가 풀렸다. 당시 여러 곳의 당국은 처음에는 약간의 사실이 있다고 단언했으면서, 나중에는 모두가 같은 소리로 그런 사실은 결코 없었다고 단언했다. 그런데 갑자기 이런 발표가 나온 것은 왜일까?

그 이유는 당국이 국제 관계의 평판을 위해 어쩔 수 없이 발표를 피할 수 없었던 것은 아닌가? 아니라면 처음부터 그런 사실이 없다고 단언하지 않고 다른 방식으로 전달이 가능했을 것이다. 국민은 그 사건을 중심으로 의심의 소용돌이에 빠졌을 뿐 아니라, 당시에는 참상의 의심이 사실로서 널리 퍼졌다. 국민이 당국을 신뢰할 수 없는 이유는 당국자가 의식적으로 사실을 거짓이라고 공표했기 때문이다. 이는 여기에 머물지 않고 앞으로도 더욱 불신을 가중시킬 것이다. 과연 당국은 뭐라고 변명할 것인가.

조선인의 중대한 범죄는 없다고 당국이 그렇게 말하지 않았던가. 그런데 갑자기 사실이라고 발표하니 범죄가 실제로 일어난 일이 되었다. 이래서는 정부를 믿을 수 없다고 상당히 엄중한 어조로 비판한다. 그리고 신문은 이렇게 덧붙인다.

> 발표한 것은 당연한 일이다. 그러나 그것이 결코 방인邦人의 선인 살육이 너무나 많았기 때문에, 선인의 죄악을 어떻게든 상호적으로 발표하지 않으면 안 된다는 체면상의 문제여서는 안 된다. (…) 다만 공표에 의하면, 흉포를 부린 선인의 대부분이 10명 중 8명은 성명 미상이고, 또 도망하여 심의할 수단도 없는 것처럼 보이는 것은 유감이다.

아마 이것이 솔직한 반응이었을 것이다. '있어서는 안 된다'고 하면서도 내심 그럴 것임을 많은 국민은 생각하고 있었을 것이다. 그리고 조선인의 범죄가 있었다고 말하지만, 공표를 보더라도 사실이 구체적으로 밝혀진 것은 거의 없다고 지적한다. 그러면서 일본인에 의한 학살은 정부가 발표한 조선인 범죄와는 전혀 비교가 안 된다며 다음과 같이 말했다.

> 우리나라의 선인 살상은 선인의 범적犯跡에 비해 너무 대규모로 집요하게 이루어졌다. 이런 처참한 잔인성은 과연 일본 국민에게 깊이 잠재된 본성인가? 일본이 전쟁에 강한 것은 이런 잔인성을 갖고 있기 때문일까? 대체로 자경단이란 평화적인 시민 집단이어야 할

것이다. 이 사람들조차 이렇게 지나친 잔인성이 맹렬히 발동한다면, 이는 국민성 교육의 장래를 위해서도 크게 생각해야 할 문제이다.

그와 관련하여 아마카스 사건과 가메이도 사건, 또 2~3년 사이의 폭력 통치를 음으로 장려하고 찬미하는 사회적 경향이 근래에 더욱 힘을 얻고 있다. 이는 민중의 잔인성을 자라나게 하는 데에 강력한 암시를 주고 있다. 국제적 또는 문화 일본의 장래를 생각하는 데 결코 축복할 예징予徵이라고 말할 수 없다.

정부의 설명은 설득력이 부족했다. 그렇다고 신문이 그것을 무시하거나 부정하는 것도 불가능했다. 목격하고 취재한 실태와 정부 발표 사이에서 어떻게 타협할 것인지에 대해 신문이 고심한 흔적이 엿보인다.

흑룡회의 '자위'라는 주장

그 사이 적극적인 활동을 전개한 단체가 있었다. 강한 국가주의를 표방하는 단체로 알려진 흑룡회(黑龍会, 1901년에 결성된 일본의 국가주의 우익 조직으로 한일합병 및 조선의 식민지 정책에 기여한 단체—옮긴이)다. 흑룡회는 자신의 행보를 정리한 『흑룡회 30년사력黑龍会三十年事歷』 (1931)에 다음과 같이 기술한다.

지진 직후 사회주의자 및 선인의 흉행이 맹렬했음에도 불구하고 당국자는 감싸고 숨기기를 일삼았다. 오히려 일본인의 품성을 의심받게 하여 국제적으로도 간단하지 않은 하자를 남기는 잘못을 범했다. 이에 본회는 식량 구호 사업이 끝남과 동시에 다수의 회원을 지진 재해 각지에 파견하여 신중히 조사했다. 이 결과 「진재 선후의 경륜經綸에 대해서, 사회주의자와 불령선인의 흉행 일반」이라는 제목의 장문의 보고서를 인쇄하고, 이를 조야의 식자들에게 배포해 당국의 반성을 촉구했다. 짐작하건대 10월 중순, 정부는 이 보고서로 인해 지진 재해 당시의 선인 흉행의 일부를 불가피하게 발표하기에 이르렀다.

조선인의 흉포한 범죄는 실제로 있었는데, 정부 당국이 이를 숨기려 했다. 이 때문에 의미 없이 조선인을 죽인 것이 되어 국제적으로 일본인의 품성이 의심받게 되었다는 것이다. 흑룡회는 이와 같이 시비를 걸었다. 또한 조선인의 범죄가 있었다는 정부의 10월 20일 발표는 자신들이 벌인 활동의 성과였다고 주장한다.

일본인의 품성이 의심받는다는 것은 어떤 것인가. 흑룡회는 무엇을 염려하고 있었는가. 「진재 선후의 경륜에 대해서」를 읽어보자. 흑룡회를 이끌었던 주간 우치다 료헤이内田良平가 쓴 것이다. 그는 흑룡회가 운동을 일으킨 이유를 이렇게 설명한다.

사회주의자와 불령선인 무리들이 지진 재해의 기회를 틈타서 폭탄을 투척하거나 독약을 식수에 넣거나 방화를 감행하거나 무고한 일본인에게 폭행을 가하거나 약탈을 종횡한 것은 숨길 수 없는 사실이다. 더구나 그 확증은 정부가 갖고 있지 않을 리가 없는데도 정부 당국자가 이를 숨기는 것은 과연 무슨 이유 때문인가. 유아사 경시총감이 "이번 미증유의 참상에 대해 이재민이 당황한 것은 이해할 수 있지만, 선인 폭행에 풍성학려하여 거의 상궤를 벗어난 행동에 나선 자가 있었던 것은 유감천만이다"며 선인의 폭행을 부인하고, 한발 나아가 "이런 뜬소문에 현혹되어 조선인을 폭행한 것은 조선 통치에서도 걱정스러운 일이 아닐 수 없다"고 말했다. 또 야마모토 수상이 "다수 이재민은 대체로 위급을 무릅쓰고 침착한 태도를 잃지 않았지만, 그 사이에 다소의 상궤를 벗어난 행동을 한 자도 있었다"고 말했다. 이는 우리 국민이 불령선인의 폭행에 대해 자경단을 조직하고 자위적 수단으로 때로는 선인을 타살한 사실이 있었다는 지적일 것이다. 그러나 나는 이 발언을 도저히 묵과할 수 없다.

흑룡회는 무엇에 불만인지를 다음과 같이 설명한다.

원래 우리 국민이 자경단을 조직한 이유는 불령선인이 지진 재해의 기회를 틈타 폭탄을 투척하거나 방화를 일삼고, 각종 폭행을 우리 이재민에게 가하는 등 잔학한 행동을 마음대로 자행한 것을 목격해 이를 방임할 수 없었기 때문이다. 더구나 경찰관 같은 경우는 공안 보호 능력을 상실했다. 그들이 대로를 질주하면서 "선인의 폭행에 대해서는 이들을 죽여도 어쩔 수 없다"고 돌아다니며 소리를 높였고, 이를 시내에 고시한 것은 공공연한 사실이다. 만약 경찰관이 선인의 폭행을 제압하고 공안 보호 임무를 수행할 수 있었다면, 국민은 무엇이 고통스러워서 자경단을 조직하고 경찰관을 대신해 선인 방어에 나섰겠는가. 필경 우리 국민이 스스로 자경단을 조직하기에 이른 까닭은 다름 아닌 경찰의 무능력에서 생긴 결과다. 그러므로 이번과 같은 위급한 경우에, 경시총감이 이른바 선인 폭행에 풍성학려하여 상궤를 벗어난 행동에 나선 이유는 우리 국민에 있지 않고 오히려 경찰관에 있다. 그런데 계엄령이 내려져 수도는 군대에 의해 점차 질서와 안녕이 회복되었다. 이에 당국자는 마치 손바닥을 뒤집듯이 사회주의자와 선인의 폭행 사실을 숨기고 우리 국민이 상궤를 벗어난 것처럼 평가하며 성명을 발표하기에 이르렀다. 나는 그 이유를 잘 알고 있다.

경찰이 제대로 기능하지 않아서 자경단이 그 역할을 대신했다는 주장이다. 이어 흑룡회는 다음과 같이 주장했다.

우리 국민이 자위를 위해 불령선인과 흉행 중국인을 타살한 것은 사실이다. 경찰관과 군대가 불령선인을 타살한 것도 사실이다. 이 사실은 많은 사람이 지적하는 바와 같이 단지 우리 국민이 인정하는 것만이 아니라, 일부 외국인도 이미 이 사실을 인정한다. 미국인 중에도 이 사실을 목격한 사람이 적지 않다. 그런데 정부 당국자는 홀로 이 명명백백한 사실을 부인한다. 선전 운동에 교묘한 적화 선인들은 선인 학살을 구실로 이를 세계에 선전하고 널리 퍼뜨릴 기세다.

그들의 주장은 자위를 위해 조선인과 중국인을 죽인 것은 모두가 알고 있고, 외국인도 보았다는 것이다. 그런데 정부는 태도가 분명치 않다. 이러다가는 조선인이 선전에 사용할 것이라고 우려하는 것이다. 더욱이 그들은 조선인이 왜 그런 범죄를 저질렀는지까지 논한다.

러시아가 일본의 적화 운동에 뜻을 두어 일본의 사회주의자와 선인 등을 선동했다. 일본의 사회주의자 등이 이에 공명하여 항상 망동妄動에 뜻을 둔 것, 그리고 조선의 고려공산당 등이 끊임없이 금품을 공급받아 이에 조종된 것도 사실이다. 또 사회주의자와 불령선인이 암암리에 연락하며 소식을 서로 주고받은 것도 사실이다.

다시 말하자면, 조선인을 죽인 것은 분명하지만 조선인의 악질적인 범죄는 실제로 있었다. 게다가 그것은 일본의 국체國體를 부정하는 국적國賊인 사회주의자의 영향을 받았다. 이 때문에 자경단은 어쩔 수 없이 들고일어난 것이라고 이들은 주장한다. 이들은 잘못한 게 없다는 입장으로 일관하고 있고, 너무나 단정적이다.

누가 어디까지 책임을 질 것인지를 놓고 치열한 다툼은 계속되었다. 그런 상황에서 10월 20일 보도 해제라는 상황을 맞이했다.

3
정부의 압력으로 만들어진 허위 보도

10월 20일 호외

10월 20일 《오사카 아사히신문》은 당시의 사정을 매우 알기 쉽게 보여주고 있다. 이날 신문에는 조선인의 범죄와 일본인에 의한 조선인 학살이 동시에 보도되었다. 램지어 교수가 어느 쪽을 믿어야 할지 모르겠다고 지적한 지면이다.

보도가 해금된 10월 20일의 《오사카 아사히신문》 호외.
조선인의 범죄와 일본인에 의한 조선인 학살이 동시에 보도되었다.

A4판 크기 호외로 두 기사가 나란히 게재되었다. 첫머리에 게재된 기사(아사히 1923d)에는 「지진을 틈타 맹화 속에서/살인 약탈 등 전율스럽다/행동을 취한 불령선인의 무리」라는 제목이 있고, 다음과 같이 보도했다.

(9월 8일, 19일 기사 금지, 10월 20일 오후 해금)

도쿄 혼조 고토 방면의 조선인 폭행은 지난 9월 1일 지진 당시 혼조 오시아게정에서 흉기를 든 일당 30여 명이 야나기시마 모토정으로부터 시작해 혼란스러운 가메이도, 데라시마, 무코지마를 거쳐 오시마 각 방면에 걸쳐 맹화 속에서 출몰했다. 갈팡질팡하는 피난민을 비롯해 불에 탄 회사와 상점을 휩쓸고 다니며 약탈하고 살상을 부추겼다. 심지어 건물이 무너져 내려앉기 직전에 귀금속품을 꺼내 우왕좌왕하던 혼조구 오시아게정 165번지의 마키노야하치 상점과 야나기시마 모토정 169번지의 포목점, 도미노미야의 나카사토 오쿠하치中里奧八, 기타 부근 일대의 귀금속상에 이들 일당은 독수를 뻗쳤다. 값진 것으로 보이는 물건과 상품 전부를 약탈하고, 반항하는 자 대부분을 그 자리에서 처참하게 살상했다. 시신은 불 속에 던져 그들은 개가를 올렸다.

당일 정오부터 심야에 이르기까지 이쪽 방면의 거주자들은 수많은 살상과 약탈을 당했다. 다음 날 2일, 다시 오시마정 부근의 완전히 붕괴되지 않은 잔존 구역에서 폭행을 일삼을 때, 가메이도 경찰서와 출동한 군대와 대치하며 맹투를 벌여 다수의 사상자가 속출했다. 일당의 불령단을 지휘하고 있던 수령격인 강금일은 10여 명의 부하들과 함께 교묘하게 경계선을 뚫고 도망쳤으나, 같은 일당인 정희영과 양학신 외 몇 명은 현장에서 체포되었다. 이들은 가메이도 경찰서에서 경시청으로 호송되어 조사 중이었으나, 강도 살인 소요죄로 도쿄 형무소에 수용되었다. 한편 주범과 공범의 행방에 대해서는 경시청에서 전국 각 부현 경찰부로 타전하고 힘을 다해 수사 중인데 아직 체포되지 않았다. (도쿄 전화)

그 옆에 배치된 또 하나의 기사(아사히 1923a)에는 「자경단의 선인 학살 사건/군마와 사이타마 두 현이 특히 심하다」라는 제목이다. 다음과 같이 전한다.

이외에 사이타마현 고다마군에서 남녀 학생, 노동자 120명을 지역 자경단이 학살한 사건, 군마현 후지오카 경찰서 부내에서 피난 중인 토공 16명을 자경단이 학살한 사건, 또 사이타마현 구마가야 정에서 노동자 58명을 학살한 사건, 요코하마에서 토공 노동자 다수의 학살 사건 등은 이미 보도했다. 20일 소식통의 발표에 따라, 피해자는 거의 모두가 조선인으로 판명되었다. 또 도쿄 스가모의 자경단원이 엽총으로 사살한 일본 대학 졸업생 모 씨는 조선 전 총리대신의 아들인 민인식으로 판명되었다. 그 밖에 각처에서 비슷한 일이 많이 발생했다. (도쿄 전화)

조선인에 의한 범행과 조선인이 희생된 범행이 함께 보도되었다. 이 호외를 읽으면 어떤 인상을 받을까? "조선인의 범행은 없는 줄 알았는데, 역시 있었던 것이 아닐까? 유언비어 모두가 거짓은 아니다"라든가, 혹은 "자경단에 의한 학살은 있었던 것 같은데, 아무래도 그건 어쩔 수 없는 사정이 있었던 것 같다"고 받아들일 수 있지 않을까?

처음 기사는 '고토 신페이 문서' 등으로 판단하면, 어디까지가 사실이었는지 매우 의심스러운 내용이다. 아마도 이날 사법성의 발표를 통해 사실이 확인되었다고 판단해 보도를 단행했을 것이다. 하지만 이 기사를 빼고, 다른 쪽 자경단의 학살을 전하는 기사뿐이었다면 보도 해금이 가져올 인상은 상당히 달라졌을 것이다. 참고로, 자경단 학살 기사에서 "조선인으로 판명되었다"라고 보도한 것은 '조선인'으로 명기하는 것이 금지되었기 때문에 '노동자' 또는 '토공' 등의 용어를 사용해 그동안 보도했기 때문이다.

램지어 교수는 10월 21일 《요미우리신문》 기사(요미우리 1923)도 소개했다. 「하룻밤에 80여 명/가나가와에서 죽다/쓰루미에서는 경찰을 습격/33명에게 부상을 입히다」라는 제목으로 다음과 같이 보도했다.

요코하마 시내의 잔학은 별항대로지만, 더욱이 고야스의 자경단원 대부분은 일본도를 차고 자동차에 올라타 '○○○○○○○○○'라고 외치며 돌아다녔다. 나마무기까지 이런 사실이 알려지면서 2일부터 4일까지 50여 명의 선인은 시신이 되어 철도에 유기되었다. 이를 시작으로 불 속에 던지거나 바다에 투기한 사체도 다수였다. 가나가와의 모 회사의 ○○○○ 80여 명은 하룻밤 사이에 무참히 전멸했다. 쓰루미정 우시오다 방면에서도 마을 주민이 무장해 2일 오전 7시 무렵 쓰루미 경찰서로 몰려와 보호 중인 선인 326명, 중국인 70명, 합계 396명을 빼앗으려 했다. 중국인은 무사했지만, 선인 33명은 부상자가 되었다.

　　가와사키정에서는 다지마마치 370명, 다이시마치 42명, 그 밖에 25명, 합계 437명의 선인이 있었지만, 가와사키 경찰서의 오타 부장이 몸소 보호했다. 덕분에 다지마마치, 오다, 시오하마, 가와사키 역에서는 불과 각 1구의 선인 시체를 발견했을 뿐이다. 하지만 3일 후지 가스 방적 가와사키 공장의 뒤처리 작업에 고용된 인부 중 선인이 있다는 것을 알고 마을 주민은 경찰의 눈을 피해 2명을 죽였다. 이때 32세의 일본인 인부 데라다 요시로寺田与四郎도 선인으로 오인되어 살해당했다.

보도가 해금되었다고 해서 모든 것을 자유롭게 보도할 수 없었다는 사실은 기사 속의 'ㅇ'로 표시된 복자伏字가 잘 말해준다. 가나가와현은 조선인 박해가 가장 먼저 시작되었고, 가장 처참했던 것으로 알려진 곳이다. 이 기사는 《요미우리신문》이 각지에서 취재한 정보를 정리해 보도한 것으로 판단된다. 그러나 조선인을 살해한 죄로 추궁당한 자는 가나가와현에서 단 두 명뿐이다. 이 기사에 나오는 사건에서 적어도 살인죄를 추궁당한 사람은 없었을 것이다. '죄를 묻지 않는다=범죄는 없었다'고 생각한다면 이 기사도 오보였다.

신문이 자체적으로 취재한 이런 '조선인에 대한 폭행'의 기사는 이후 급격히 줄어들었다. 이유는 앞에서도 제시한 사법성 형사국장의 담화가 보여준다.

이번 기회에 한마디 전하고 싶은 것은 사법성 담화 이외의 내용은 불확실한 것이며, 만약 담화 이외 사실을 공표하면 법을 통해 엄중히 처벌받는다는 것이다.

다시 말해, 정부가 발표한 것 이외의 것은 함부로 보도하지 말라는 강력한 압력이었다. 10월 25일에는 《호치신문》에 흥미로운 공지가 실려 있다. 「'당국의 비행'을 파헤쳐/본보 발매 금지」라는 제목으로 다음과 같이 전한다.

25일 본지 조간 제2판 이하는 가나가와현 경관의 비행을 적발한 이유로 전부 당국에 압류되었습니다. 즉시 개정판을 배달했습니다만, 전국의 독자 여러분에게 폐를 끼친 점에 대해 사과드립니다. 근래 내무 당국의 신문에 대한 태도는 횡포라기보다는 오히려 광폭에 가깝습니다. 적어도 내무 관리의 비위에 관한 사항을 게재하면, 야만적인 신문지법을 적용하여 발간되는 신문 가운데 하루에 하나는 반드시 금지로 인해 곤란해지는 형국입니다. 언론의 자유도 헌법상의 보장도 말단 관리들의 비호를 위해 유린당하는 형국입니다. 언제까지나 이 상태일 것으로 생각하지 않기 때문에, 우리는 가까운 시일 내에 이른바 당국자의 비행과 만행을 척결해 진정한 질서와 법률을 구현할 기회가 있을 것으로 믿습니다.

여기에서는 '당국자의 비행과 만행'을 척결, 즉 도려내겠다는 강한 의지를 밝히고 있다. 하지만 그런 의지는 실현되지 못했다. 이후 자경단에 의한 학살을 둘러싼 보도는 기소된 '악한 자경단'의 재판을 추적하는 것에 머물렀다.

외교 문제로 발전

피학살자 가운데 상당수의 중국인도 포함되어 있었다. 조선인은 나라를 잃었지만, 중국인에게는 중화민국이 있었기 때문에 외교 문제로 비화됐다. 유럽과 미국의 따가운 시선도 일본으로 쏠리고 있었다. 식민지 조선의 민심에 미치는 영향도 염려되었다. 군과 경찰의 관여가 드러나는 것이 바람직하지 않다고 판단한 정부는 모든 책임을 자경단에 떠넘기려 했다. 하지만 우에스기 신키치 교수의 발언과 흑룡회의 활동이 보여주듯이, 여러 곳의 반발이 거세져 자경단에게 중죄를 물을 수 없게 되었다. 그렇다고 조선인 학살은 많은 사람이 공공연한 장소에서 목격한 사실이기 때문에 없던 일로 간주할 수 없었다. 따라서 일본인에 의한 조선인 학살을 정당화하려면 '유언비어가 전한 조선인의 범죄는 실재한 것'으로 하지 않을 수 없게 되었다. 정부는 이 모순된 상황을 다소나마 꿰맞추기 위해 '없던 일을 있었던 것'으로 하고, '있었던 일을 없었던 것'으로 조율했다.

보도가 해금된 10월 20일, 정부는 거짓 발표를 한 것이다. 권력이 의도적으로 유포한 가짜 뉴스라고 말해도 좋을 것이다. 지진 직후의 '유언비어를 보도한 오보'와는 다른 형태의 혼란이라 볼 수 있는, '정부의 발표를 보도한 오보'가 이렇게 방대하게 생겨난 것이다.

신문은 자경단 범죄의 적발과 조선인의 피해 관련 보도를 통해서 지진 재해 직후의 오보를 수정하려 했다. 그러나 보도 해금과 동시에 이루어진 정부의 발표로 인해, 그동안 보도한 기사들이 어디까지가 사실인지 분명치 않은 상황에 빠졌다. 독자적인 정보가 없는, 재해지로부터 멀리 떨어진 지방의 신문으로서는 대응할 수 없는 사태였을 것이다. 더구나 정부는 제멋대로 쓰면 처벌하겠다는 자세까지 드러냈다.

그런 가짜 뉴스는 정부의 의도대로 효과를 발휘했다. '나쁜 짓을 한 조선인은 있었다. 죽임을 당해도 어쩔 수 없는 조선인은 있었다.' 이러한 인상을 사람들에게 심어주는 데는 충분한 효과를 발휘했다.

박열 사건의 불가사의한 호외

신문을 살펴보면서 아주 불가사의한 호외를 하나 발견했다. 박열 등의 대역 사건을 전한 내용이다. 《오사카 아사히신문》이 발행한 것으로 A3 정도의 크기에 앞뒤 두 페이지로 제작되었다. 제목 아래에는 '기사 금지 중 오늘 해금'이라는 글이 있다. 「지진 재해 중 혼란을 틈타/제도에서 대관 암살 기도/불령선인의 비밀결사 대검거」라는 제목의 기사는 11월로 예정된 황태자의 결혼에 맞춰 폭탄 테러를 계획한 일당을 체포했다고 보도했다. '수괴 박열'의 사진은 3단에 걸쳐 실려 있고, 그의 아내 가네코 후미코金子文子의 사진도 2단 크기였다. 「은닉한 폭탄을 발견해 분석 중」 「장본인 박열과 오스기 사카에大杉栄의 관계」 「사건 발각의 단서」와 같은 관련 기사도 실려 있다.

램지어 교수도 이 사건은 날조되었다고 언급한다. 이 호외에는 신문으로서 매우 부자연스럽다. 먼저 제호 밑에 날짜가 있는데 '1923년(大正12) 10월 2＝일'로 '＝'가 들어가 있다. 이는 임시 공백에 사용하는 것으로 삭제하거나 다른 활자로 대체해야 하는데, 아무런 과정을 거치지 않고 그대로 인쇄한 것이다. '지면 사고'로 취급되는 수준의 실수이겠지만 상당히 분주한 작업이었으리라는 생각이 든다.

야마다 쇼지의 『조선인 학살 관련 신문 보도 사료』에 이 호외는 10월 20일에 발행된 것으로 나온다. 그런데 아사히신문의 데이터베이스에는 10월 26일 발행으로 되어 있다. 아마 후자일 거라는 생각이 들지만, 유사한 호외나 기사가 다른 신문에서는 보이지 않으니 정확히 판단할 수 없다. 그보다 더 놀라운 것은 뒷면 마지막에 있는 고지다. "이 호외는 본보에 재록하지 않는다." 무슨 뜻인지 이해하지 못하여 주변의 조간과 석간을 살펴보았지만, 박열 사건 보도는 어디에서도 찾아볼 수 없다. '기사 금지 일부 해금'으로 《아사히신문》에 등장하는 것은 거의 한 달 후인 11월 24일의 석간이다.

박열 등이 체포된 것은 지진의 혼란 속에서 9월 3일이었다. 「모 중대 사건」 「선인을 중심으로 한 대음모 사건」 등으로 10월 15일 전후부터 각 신문은 일제히 보도하기 시작했다. 그 내용은 상당히 상세하고 수사 당국으로부터의 정보 제공이 없으면 도저히 쓸 수 없는 내용이다. 솔직히 말하면, 10월 20일의 보도 해금에 대비한 인상 조작을 위한 기사였다고 생각하지 않을 수 없다.

음모로 여겨지는 이 기사가 사실이었다면 경천동지할 사건이었다. '불령한 조선인이' '그런 악행까지 저질렀다'는 강렬한 인상을 주었을 것이다. 《오사카 아사히신문》의 호외는 정부의 미디어 대응책의 최종

《오사카 아사히신문》이 발행한
「박열 대역 사건」의 호외.

매우 불가사의한 존재다.

수단으로 사용된 것이 아닌가 싶다. 정부에 의한 정보 조작이 얼마나
효과적이었는지는 100년이 지난 오늘날에 외국어 논문에까지 인용되
고 있다는 것이 무엇보다 설득력 있게 말해주고 있다. 이 조작을 고안
한 당시 관료들에게 램지어 교수의 논문은 너무나도 만족스러워 죽어
도 한이 없을 정도일 것이다.

《규슈일보》의 보도

이후에도 '조선인에 의한 폭행은 존재했다'는 캠페인을 전개한 신문이 있다. '흑룡회'의 영향 아래 있던 《규슈일보》다. 보도가 해금된 다음 날인 10월 21일 《규슈일보》는 흑룡회의 우치다 료헤이의 논설을 게재했다.

우치다는 "○○○○의 폭행은 사실이다. 일부 중국인이 선인의 사주에 응해 일부러 방화 폭행을 자행한 것도 사실이다. 우리 국민이 자위를 위해 ○○○○과 흉행 ○○○을 살상한 것도 사실이다. 경찰관과 군대가 ○○○○을 살상한 것도 사실이다"고 말한 다음, 그것들을 모두 공표하더라도 국제적으로도 일본인은 비판받지 않을 것이라고 주장했다. 그러면서 "만약 정부 당국자가 이번 ○○을 감행한 악학悪虐의 사실을 밝히고, 이를 국내외에 발표하면 구미인은 인도상 일부 ○○과 ○○○을 증오하고 우리의 행위가 부득이한 것이라고 양해할 것이다. ○○과 ○○○도 모두 공맹인의孔孟仁義의 가르침을 준봉遵奉하는 국민이기 때문에 그들 지식인은 대의상 오히려 우리에게 동감을 느낄 것이라고 믿어 의심치 않는 바이다"라고 말했다.

복자로 드러나지 않은 ○는 두 개가 '선인', 세 개가 '중국인', 네 개는 '불령선인'으로 생각할 수 있다. 《규슈일보》는 이어 22일부터 「제도를 떠들썩하게 한 포악한 흉행/주의자와 일부 불령선인/흑룡회의 조사 사항」이라는 제목의 연재물을 13회에 걸쳐 게재했다. 앞서 제시한

「진재 선후의 경륜에 대해서」를 나누어 발췌한 것으로 조선인의 흉포한 범행이 얼마나 많았는지를 역설한 것이다. 도쿄, 요코하마 이외에 오사카와 홋카이도의 사례도 보고되었다. 그러나 그 내용은 유언비어와 풍문을 활자화한 것이 대부분이었다. 그중 눈에 띄는 것은 9월 2일은 액운이 끼어 운수가 사나운 날인 210일이고, 이날을 앞두고 각지에서 행방을 알 수 없는 조선인이 증가했다고 기술한 부분이다.

이런 주장이 어디까지 사람들에게 스며들었는지는 가늠할 수 없다. 하지만 정부의 발표와 맞물려 '조선인의 폭행이 있었다'는 심증을 사람들에게 안겨주기에는 충분했을 것이다.

관동자경동맹의 자경단 옹호

더욱이 10월이 되어 관동자경동맹이 활동을 개시했다. 이 동맹은 자경단을 옹호하는 입장의 사람들이 모인 조직으로, 10월 22일의《도쿄 니치니치신문》석간은 이 조직이 정부의 대응에 불만이라며 다음과 같은 3항목의 질문서를 내밀었다고 보도했다.

1. 유언비어의 출처에 대해 당국이 그 책임을 지지 않고 이를 민중에게 전가하려는 이유는 무엇인가?
2. 당국이 눈앞에서 자경단의 폭행을 방임하고 후일에 이르러 그 죄를 물으려는 이유는 무엇인가?

3. 자경단의 죄악만 세상에 들추고 수많은 경관의 폭행을 숨기려는 이유는 무엇인가?

그 후에 다음의 세 가지 항목을 요구했다.

1. 과실로 범한 자경단의 상해죄는 모두 이를 면죄할 것.
2. 과실로 범한 자경단의 살인죄는 모두 이례의 은전恩典을 베풀어 재결할 것.
3. 자경단원 중의 유공자를 표창하고 특히 경비를 위해 생명을 잃은 자의 유족에 대해서는 적당한 위적慰籍의 방법을 취할 것.

고토 신페이 문서에 따르면, 11월 15일 시점에서 367명이 조선인을 살상했다며 기소되었다. 9월 2일부터 6일까지 발생한 53건의 사건에서 피의자는 모두 조선인 233명을 살해하고 42명을 다치게 한 죄를 추궁받았다. 판결에서는 피살자가 조선인의 경우는 매우 높은 확률로 집행유예가 선고되었다. 실형도 있었지만 4년 이하의 단기형이었다. 이는 일본인을 살해하거나 경찰이 보호한 조선인을 빼돌려 살해한 경우였다. 흑룡회와 관동자경동맹의 주장을 상당 부분 받아들인 결착結着이었다고 할 수 있다.

이런 사정을 거치면서 조선인 학살의 실체는 애매하게 처리되고 사실은 베일에 가려졌다. 어느새 무엇이 사실이고 무엇이 거짓이었는지조차 뚜렷해지지 않게 되었다. '오보'라기보다 '허보'가 무더기로 생겨나 그대로 방치되었다. 아마 그것이 큰 이유였을 것이다.

오보와 그 책임

관동대지진을 둘러싼 방대한 오보가 어떻게 생겼고, 왜 방치됐는지 살펴보았다. 유언비어의 보도로 인한 자연 발생적인 가짜 뉴스와 권력에 의한 인위적인 가짜 뉴스가 있었다는 사실도 드러났다. 그런 사태를 당시 신문 관계자들은 어떻게 인식하고 있었을까? 몇몇 신문사의 사사를 찾아보아도 해당 기술은 찾아볼 수 없었다.

그러던 중 《고쿠민신문》 편집국장 등을 지낸 야마네 신지로山根真治郎가 1938년에 출간한 『오보와 그 책임誤報とその責任』에서 언급한 것이 눈에 띄었다. 신문기자 육성기관인 일본신문협회 부속 신문학원의 학원장이었던 야마네가 교과서로 엮은 책인 것 같다. 「풍설」이라는 항목에서 야마네는 다음과 같이 말한다.

악질적인 풍설은 사변이나 소란, 천재지변과 같은 때에 많이 발생한다. 1923년의 관동대지진 때는 민심이 혼란스러워 풍설과 유언비어가 쏟아져 나왔다. 그토록 냉정을 자랑하는 신문기자도 마침내 상궤를 벗어난 오보를 거듭했다. 그 기억은 지금도 천추의 한으로 새록새록 남는다. 말하자면, 재류 조선인이 대거 무기를 휘두르며 시내로 쳐들어온다, 독극물을 우물에 뿌렸다, 도쿠토미 소호가 압사당했다, 격랑이 관동 일대를 삼켰다……. 셀 수도 없는 고뇌가 남는다.

국가는 특히 풍설이나 유언비어를 엄격히 단속했다. 그러나 만들어진 풍설과 유언비어를 탄압하는 것만으로 할 일을 다했다는 식으로 애초에 끝날 일이 아니었다. 풍설과 유언비어가 나온 원인을 추궁하고, 그 대책을 찾는 것이 무엇보다 중요한 일이었다. 그렇다면 유언비어와 풍설은 왜 발생했을까?

A. 불안 공포에 의한 억측 망상

B. 극단적인 언론 단속에 의한 반사 의혹

C. 고의에 의한 것

A의 경우는 대부분 무지에서 출발하고, B의 경우는 주로 초조함에서 나온다. 탄압 전에 먼저 민중의 무지를 계몽하고 그 초조함을 진정시키는 것이 첫 번째 요체일 것이다.

통한의 감정이 밀려온다. 천추의 한으로 새록새록 남은 후회의 원인이 무엇이었는지를 당시 신문기자는 물론 알고 있었겠지만, 구체적으로 아무것도 기록하지 않았다. 특히 "C. 고의에 의한 것"이란 무엇을 말하는 것일까? '할 일'이란 '해야 할 일'이고, 그런 점을 남김없이 기록해 '끝내는 일'이어야 했다. 그런 생각이 들어 견딜 수가 없다.

제5장

도쿄대학 신문연구소의 연구

도쿄를 탈출하려고 철도에 몰려든 사람들.
이런 사람들의 움직임과 함께 유언비어가 각지에 퍼져나갔다. (마이니치신문사)

1
전후의 연구

개정된 논문

관동대지진과 관련된 논문을 읽고, 램지어 교수 논문에 등장하는 신문 자료를 대강 모으는 데 3주 정도 걸렸다. 케임브리지대학 출판국에서 의뢰받은 리뷰를 쓰기 시작한 2021년 3월 초에 새로운 연락이 왔다. 램지어 교수가 논문을 개정했다는 것이다.

개정된 논문은 A4용지 12쪽 분량으로 절반가량 줄었고, 제목은「경찰의 민영화: 일본 사례에서」로 바뀌었다. 관동대지진 관련 기술은「1920년대 일본」이라는 반쪽 정도의 섹션에 포함되었고, 조선인 학살 부분은 불과 네 줄만 남았으며, 다음과 같이 기술되었다. "자경단은 파괴 활동을 하는 것으로 의심되는 사람들을 공격했다. 지진이 일어나고 3시간 뒤, 도쿄와 가나가와 생존자들은 조선인 폭도가 습격해온다는 소문을 들었다. 곧바로 자경단은 상당수의 조선인을 죽였다(조선인으로 오인된 일본인 포함). 최종적으로 수천 명을 죽인 것으로 보인다."

다양한 숫자로 언급됐던 희생자 수는 '수천 명'으로 바뀌었다. 중앙방재회의 보고서는 학살 희생자가 '지진 피해 사망자의 수 퍼센트'라는 견해를 제시했다. 전체 사망자는 약 10만 명으로 알려져 있으므로 희생자 수가 수천 명이라는 건 상식적인 선이라고 할 수 있다. 그토록 말이 많았던 관동대지진 관련 기술은 완전히 모습을 감추었다. 이는 1년 반 동안 인터넷에 공개된 논문의 핵심 부분이기도 하다.

　무슨 일이 있었을까? 여기저기를 찾아보았다. 케임브리지대학 출판국 핸드북 편집자가 램지어 교수에게 논문의 개정을 요구했다고 한국의 연합뉴스가 보도했다. 편집자인 이스라엘 대학교수가 인터뷰에서 밝힌 바에 따르면, 수없이 접수된 논문 내용에 대한 의문점을 정리한 문서를 첨부해 논문의 재고를 요청했고, 램지어 교수가 이에 응했다고 한다. 편집자는 "매우 불운한 실수였다" "일본이 한반도를 지배했던 시기의 역사에 대해 우리보다 램지어 교수가 더 잘 알고 있을 것으로 생각했다"고 말했다.

Prepared for Avihay Dorfman & Alon Harel, eds.,
The Cambridge Handbook on Privatization.

On Privatizing Police:

With Examples from Japan

by J. Mark Ramseyer*

Abstract: Security is often a non-excludable public good that involves economies of scale. For these obvious reasons, modern democracies provide their residents with basic security services out of the public fisc.

Yet the capacity to protect overlaps with the capacity to prey. As a result, regimes in dysfunctional societies sometimes use the public security apparatus to extract benefits. Sometimes the security services use their resources to extract benefits for themselves.

Public security is also a normal good: the level of security that people demand tends to increase with income. Where communities fund their security locally, richer communities can buy themselves higher-than-average security through their municipal government. They can also buy extra security on the private market, of course, but the need becomes particularly acute where the central government funds security. Where higher levels of government fund the security, citizens cannot select the level of security services in the course of deciding where to buy a home. Instead, those who want high levels of security services will need to buy them from private firms directly.

In democracies, citizens buy private security services to supplement the security provided through the public police. In dysfunctional societies they sometimes do this to protect themselves from the public police.

In this essay, I illustrate several of these simple principles with examples from

개정된 램지어 교수의 논문.

논문의 내용도 단장도 바뀌었다.

이로써 나는 리뷰를 쓸 필요가 없어졌다. 그렇다고 이 사태가 해결되었다고는 생각하지 않았다. 학살 부정론은 인터넷 공간을 넘어 사회의 공적인 영역으로까지 그 세력을 넓혀가고 있었다. 이는 매년 9월 1일에 도쿄에서 거행되는 조선인 희생자 추모 집회에 고이케 유리코小池百合子 도쿄도지사가 추도문을 보내는 것을 취소하는 사태로까지 발전했다. 그동안 학살 부정론에 관해서는 세부적으로 비판이 이루어졌다. 램지어 교수의 개정된 논문도 그런 비판을 의식하여 '진화'하려는 의도가 느껴졌다.

나는 애당초 이 문제가 해외까지 불똥이 튀게 된 것은 신문이 제대로 총괄하지 않았기 때문이라는 생각이 강하게 들었다. 이대로 유지된다면 비슷한 사태가 반복될 것이다. 더욱이 나는 여러 의문점이 마음속에서 부풀어 올랐다. 그에 대한 답을 구하고 싶다는 생각에 작업을 계속하기로 마음먹었다.

정량적 분석

리뷰를 써야 하는 무거운 짐에서 벗어나자 내 관심사는 조금 방향을 틀었다. 관동대지진 이후에 신문이 방대한 오보를 쏟아낸 사정이 보이기 시작했는데, 그런 보도가 전후라는 공간에서 어떻게 이해되고 해석되었는지에 관심이 옮겨갔다.

조선인 학살 문제 연구를 이끌어온 야마다 쇼지는 전국의 도서관을 찾아 조사한 신문 기사를 정리해 『조선인 학살 관련 신문 보도 사료』라는 총 5권의 자료집을 간행했다. 대단한 노작이다. 그 자료집의 해설 가운데 "나에게 이에 덧붙일 것은 없다"고 소개하는 연구 자료가 눈에 띄었다.《도쿄대학 신문연구소 기요》제35호(1986년)와 제36

関東大震災下の「朝鮮人」報道と論調 (上)

Press Coverage and Opinions on 'Korean' under
the Kanto Earthquake in 1923 (Part 1)

大 畑 裕 嗣
Hiroshi Ohata

三 上 俊 治
Shunji Mikami

目　　　次

Ⅰ　問題の所在
Ⅱ　流言と虐殺の実態
Ⅲ　言論統制の一般的方針
Ⅳ　報道の内容分析 (以上本号)
Ⅴ　論評の定性的分析
Ⅵ　『河北新報』の事例研究
Ⅶ　検閲の実態
Ⅷ　考　　　察

Ⅰ　問題の所在

　本稿の目的は、関東大震災下の「朝鮮人暴行（暴動）」流言事件と朝鮮人虐殺事件を、(1)新聞史・言論統制史、(2)災害時におけるマスメディアの機能という両方の観点から対抗することにある。[1] 以下、それぞれの課題を明示するのに必要な範囲内で先行研究の概観を行なう。

1.　新聞史・言論統制史からみた「朝鮮人」事件

　関東大震災下の「朝鮮人」事件に関する研究実践は、過去20数年間にわたって貴重な成果を積み重ねてきた。それらの研究は、震災経験者に対する聞き取りや一次文書データの利用（「歴史の掘りおこし」）によって、流言の発生・伝播過程や虐殺の実態を明らかにするという点に重点を置いてきた（日朝協会豊島支部、1973；関東大震災50周年朝鮮人犠牲者調査・追悼事業実行委員会、1974；関東大震災50周年朝鮮人犠牲者追悼行事実行委員会・調査

《도쿄대학 신문연구소 기요》에 게재된 논문.

분량은 2호에 걸쳐 120페이지에 달한다.

호(1987년)에 두 차례에 걸쳐 발표된 「관동대지진 하의 '조선인' 보도와 논조」라는 논문은, 도요대학 명예교수 미카미 순지三上俊治와 메이지대학 교수 오하타 히로시大畑裕嗣가 필자이며, 두 사람 모두 사회학자다. 바로 찾아보니 논문은 모두 합쳐서 120페이지였다. 이 또한 엄청난 노작이었다.

저널리즘 역사의 관점에서 보도의 정량적 분석을 시도한 것이었다. 1923년 9월 1일부터 그해 연말까지 발행된 일본 신문 17개, 조선 신문 3개의 모든 기사에서 조선인과 관련된 기사를 찾아내 '행위의 구체적 내용' '행위의 표현 형식' '기사의 정보원' '기사의 송고 수단' 등 12개 항목으로 분류해, 이를 도쿄대학의 대형 컴퓨터로 집계 및 분석한 글이다. 신문의 모든 지면을 훑어보고 관련 기사를 일일이 읽어 내려가면서 기준에 맞춰 분류한 대단히 치밀한 작업이었다. 대단한 역작으로 저절로 고개가 숙여졌다.

이에 따르면, 분석 대상 기사는 1,088점이다. 보도된 시기를 보면 지진 재해로부터 일주일 정도와 10월 20일 무렵의 기사가 가장 많았다. 기사에서 2,114건의 행위를 추출할 수 있었다. 가장 많았던 것은 '조선인이 폭행했다'가 578건으로 전체의 27.3퍼센트를 차지했다. '자경단 등이 폭행했다'는 260건으로 12.3퍼센트, '일반 민간인이 조선인을 폭행했다'가 209건, 9.9퍼센트, '누군가가 조선인을 폭행했다'가 121건, 5.7퍼센트였다. '조선인은 폭행하지 않았다'로 분류된 것은

128건으로 6.1퍼센트였다. 578건이었던 '조선인이 폭행했다'의 내용을 보면 방화 66건, 교전·습격 61건, 살인 47건, 폭행 46건, 약탈·강도·강탈 45건, 독 살포 36건 순이었다. 이 '조선인이 폭행했다'는 기사 중 상당수는 사실이 아닌 유언비어 또는 정부의 발표를 전한 오보로 보면 될 것이다. 이 자료를 통해 당시의 방대한 오보를 구체적인 숫자로 확인할 수 있다.

'조선인에 대한 폭행'은 전체적으로 631건이었으며, 그 내용은 살인이 472건으로 압도적으로 많아 74.8퍼센트를 차지했다. 이어 폭행이 69건, 상해가 68건이었다. '조선인에 의한 폭행'이 있었다고 여겨지는 장소를 분류하면 도쿄가 39.7퍼센트, 가나가와가 10.9퍼센트로 합치면 절반을 넘었고 '불명'은 23.9퍼센트였다. 기사의 정보원도 분석한다. 공인·공공 기관이 20.1퍼센트, 민간인이 5.3퍼센트였고, 기자는 3.9퍼센트에 불과했다. 압도적으로 많았던 것은 '기재 없음·불명'으로 69.7퍼센트에 달했다. 이런 집계와 분석을 근거로 논문은 관동대지진 후의 신문 보도의 경향을 다음과 같이 결론 내리고 있다.

① 유언비어를 무마하기는커녕 군·경찰·일반인 사이에 퍼진 유언비어를 대대적으로 마치 사실인 것처럼 보도해 독자들에게 잘못된 인식을 심어주었다. ② 그로 인해 각지에서 학살 사건을 불러일으켰다. ③ 사실무근의 유언비어로 밝혀진 뒤에도 이를 적극

적으로 무마하는 등 독자들에게 올바른 인식을 심어주려는 노력을 거의 보이지 않았다. ④ 조선인 학살에 대해서는 진실을 보도하지 않고 10월 이후에는 자경단의 일부 학살 사건(경찰에 의해 기소된 사례)만 보도함으로써 일부 '악한 자경단'에게 모든 책임을 전가하려는 당국의 의도에 편승했다. ⑤ '불령선인'과 '착한 선인'의 호칭을 구별 사용함으로써 조선인에 대한 국민의 편견과 적대심을 조장했다. ⑥ '조선인' 기사의 해금 이후에도 조선인 학살 보도와 병행하면서 당국이 발표한 '불령선인'에 의한 폭행을 대대적으로 보도하여 이를 기정사실로 만들었다. ⑦ 자경단의 행위에 대해서는 동정적인 의견을 게재함으로써 이를 면죄했다. ⑧ 이후 사건의 진상규명·책임추궁 등의 캠페인을 통해 여론을 환기하려는 노력도 보이지 않았다. ⑨ 한반도와 대륙에서의 민족해방운동을 '불령단의 폭동'으로 계속 보도함으로써 일본의 제국주의적 식민지 지배의 본질을 국민의 눈에서 가리는 역할을 수행했다.

신문을 제작하는 측면에서 바라보면 상당히 엄격한 지적이지만 어느 것도 부정할 수 없다.

유독 뛰어난 《가호쿠신보》

관동대지진 당시 조선인을 둘러싼 신문 보도를 분석한 이 연구가 대상으로 한 신문은 모두 20개였다. 그 신문들을 살펴보면, 도쿄가 《호치신문》, 《도쿄 니치니치신문》, 《미야코신문》, 《도쿄 아사히신문》, 《고구민신문》, 《요미우리신문》이고, 오사카는 《오사카 아사히신문》과 《오사카 지지신보》 2개 신문이다. 지방지는 《홋카이타임스》, 《이와테 마이니치신문》, 《가호쿠신보》, 《시나노 마이니치신문》, 《시즈오카 민우 신문》, 《고베 유우신일보》, 《규슈일보》, 《규슈신문》, 《규슈 니치니치신 문》 9개 신문이다. 조선은 《경성일보》, 《동아일보》, 《조선일보》 3개 신 문이다.

이 20개 신문에서 1,088개의 기사를 찾아내 분석했는데, 기사가 가장 많은 것은 《가호쿠신보》의 123개로 전체의 11.3퍼센트에 달했 다. 도쿄에서 소실을 피한 《도쿄 니치니치신문》의 93개보다 많았고, 소실된 《도쿄 아사히신문》의 43개에 비하면 거의 3배에 해당한다.

센다이에 본사를 둔 《가호쿠신보》는 지진 당시 발행 부수가 10만 부를 넘어 동북 지방의 최대 유력 일간지였다. 《가호쿠신보》의 조선인 보도의 특징은 지진 발생 후 9월 6일까지 혼란기의 기사가 52.8퍼센 트를 차지한다는 것이다. 같은 기간에 20개 신문의 평균은 16.7퍼센 트였다. 도쿄의 신문사는 지진 재해의 영향으로 대부분이 기능을 상 실해서 직접 비교는 어렵지만 《오사카 아사히신문》은 8.3퍼센트, 《시 나노 마이니치신문》은 28.3퍼센트였다. 다시 말해, 《가호쿠신보》는 지 진 직후에 유독 뛰어나게 많은 기사를 내보냈다.

《가호쿠신보》9월 4일 발행(5일 자) 석간.
《가호쿠신보》는 조선인과 관련된 기사를 가장 많이 게재했다.

왜 그렇게 집중적으로 많은 기사를 썼을까? 논문에서는《가호쿠신
보》를 개별적으로 다루어 분석한다. 먼저 당시의 상황을 다음과 같이
소개한다.《가호쿠신보》 본사가 지진 제1보를 입수한 것은 지진 발생

후 불과 한 시간 만인 9월 1일 오후 1시 무렵이었다. 철도 출입 기자는 센다이 철도국에 들어온 다음과 같은 내용의 전보를 보고했다.

오늘 정오 무렵 관동지방 대지진으로 도쿄 시내 주요 건물들은 현재 한창 불에 타고 있다. 도쿄역은 이미 불에 탔고 긴자 거리와 다른 번화가도 불바다로 변했다. 진화는 언제 끝날지도 모른다. 가게를 잃고 집이 무너진 시민들은 몽유병자처럼 울고 싶어도 울지 못하고 떠돌아다니고 있다. 겹겹이 쌓인 시체, 맹렬한 폭발음, 하늘을 찌르는 화염 등 참담한 광경은 형언할 수 없을 정도다. 대부분 신문과 통신사는 발행 및 통신이 불능에 빠진 것으로 보이지만 전신과 전화 불통으로 상세한 내용을 알 수 없다. 전날 밤 조각組閣 본부에 모인 야마모토 곤베에, 고토 신페이, 이누카이 쓰요시犬養毅, 이노우에 준노스케井上準之助, 다나카 기이치, 다카라베 다케시財部彪 등은 생사불명이다. 유언비어로 제도는 무정부 상태다.

9월 1일에는 야마모토 곤베에 내각의 발족이 예정되어 있었다. 도쿄와 센다이를 잇는 국철의 통신망이 지진 재해의 영향에도 불구하고 작동하고 있었다는 걸 알 수 있다. 이 정보를 바탕으로 《가호쿠신보》는 즉시 호외를 발행했다. 저녁 무렵이 되자 센다이 철도국에는 다음과 같은 제2보가 도착했다.

혼조 후카가와 방면은 5,000여 피난민이 폭풍우를 맞아 혼조 피복창 공터로 쇄도했지만, 곧 맹화와 검은 연기에 포위되어 무참히 불타 죽었다. 요시하라 부근의 큰 연못과 스미다강으로 뛰어들어 그대로 익사한 사람들도 셀 수가 없다. 여진은 여전히 그치지 않고 10분, 20분마다 섬뜩한 진동이 이어졌다. 무정부주의자와 제3국인의 폭동 등 유언비어가 퍼지면서 민심이 흉흉했다. 조각 본부의 각료 후보는 무사한 것 같다.

이 정보는 두 번째 호외로 보도되었다. 계약한 전보 통신사와의 전화 연락선이 복구된 것은 7일 밤이었다. 그때까지 철도 전화는 도쿄를 잇는 유일한 통신수단으로 기능했다. 《가호쿠신보》는 속기자를 철도 전화 옆에 두는 것을 허가받아 시시각각 들어오는 정보를 누락 없이 기록해 본사에 보고했다. 그리고 그때마다 호외를 발행해 동북 지역 여섯 개 현의 속보판에 붙여 일반인에게 보도했다. 조간과 석간 모두 광고 없이 대지진 뉴스로 채웠다.

'조선인 폭행'이 43퍼센트

논문은 《가호쿠신보》에 게재된 123개의 기사 분석 결과를 제시했다. 기사가 전하는 '구체적인 행위의 내용'에서는 '조선인이 폭행했다'가 43.9퍼센트로 전국 평균의 27.3퍼센트를 크게 웃돌고 있었다. '경찰관이 조선인을 단속했다'도 전국 평균(9.7퍼센트)을 웃도는 17퍼센트로 이 두 행위를 합하면 전체의 60퍼센트를 차지한다. 그에 반해 '조선인에 대한 폭행'은 18.6퍼센트로 전국 평균의 29.8퍼센트를 밑돌고 있다.

이런 결과로 볼 때《가호쿠신보》는 '조선인에 의한 폭행'이라는 유언비어를 전국 평균을 크게 웃도는 양으로 보도한 것이다. 한편 '조선인에 대한 폭행'에 대해서는 잘 보도되지 않거나, 단지 '단속'이라는 얼버무리는 표현으로 보도했다.《가호쿠신보》는 지진 소식을 다른 신문사보다 먼저 입수해 신속한 보도를 통해 동북 지방 사람들에게 지진 속보를 잇달아 전달했다. 동시에 '조선인 폭동'이라는 유언비어 또한 이 신문의 보도를 통해 동북 지방에 널리 전파되었다고 논문은 지적했다.

지진 직후 혼란기에《가호쿠신보》보도 가운데 가장 큰 비중을 차지한 것은 도쿄에서 온 피난민 담화였다. 논문에서는 "이들 담화의 내용은 특히 조선인에 의한 폭행에 관해서는 사실을 현저하게 왜곡하거나 과장된 유언비어로 가득했다"고 지적했다.

2

인용된《가호쿠신보》기사

피난민의 체험담

램지어 교수의 논문에서도《가호쿠신보》의 기사는 가장 많은 다섯 개가 인용되었다. 그 가운데 네 개는 지진 직후의 혼란기 기사였다.

그는 제2장 「보호와 약탈」의 「C. 1920년대 일본」에서 "무장한 조선인들이 테러 공격 계획을 앞당겨 실행했다고 신문은 보도했다. 일본은 1910년 한국을 병합했고, 1919년 이후 조선인 활동가들은 반격을 시작했다. 이 문맥을 바탕으로, 예를 들어《가호쿠신보》는 폭탄을 소지했다가 붙잡힌 조선인의 자백을 보도했다(가호쿠 1923b, 1923e). 그해 가을에 예정된 황태자(이후 쇼와 천황)의 결혼식에 맞추어 대규모 테러 공격을 계획했다고 조선인은 말했다. 지진을 계기로 그들은 그 계획을 가속화했다"고 기술한다.

「가호쿠 1923b」는 「토관土管에서 생존한 3만 명」이라는 제목의 9월 6일 기사다. 램지어 교수는 이에 대한 출처를 『현대사 자료』로 제시했다. 원자료 기사를 확인해보니 논문에 인용된 기사와 세부적으로 조금 차이가 있다. 내용이 다소 길지만, 원자료 기사 전문을 소개한다.

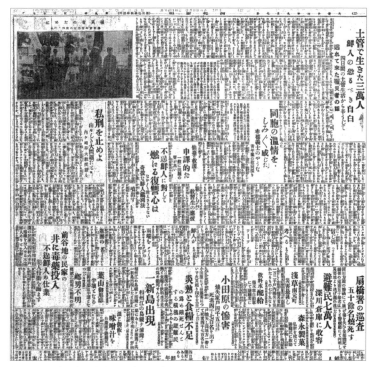

《가호쿠신보》9월 6일 발행(7일 자) 석간.
램지어 교수는 톱기사인 「토관에서 생존한 3만 명」을 소개한다. 이 밖에도 지면은 피난민의 증언으로 메워졌다.

도쿄 쓰키시마 거주자로 5일 센다이로 피난 온 이재민의 실화를 서술한다. 그 간략한 줄거리는 다음과 같다.

지난 1일 정오, 첫 강진으로 주민들은 일제히 전철이 다니는 거리나 철공장 공터로 대피했다. 이후 연속적으로 땅이 흔들렸지만, 첫 강진이 발생한 지 약 30분 정도 지났다고 생각할 무렵, 긴자 오와리정과 시바구치 두 곳에 불이 났다. 검은 연기가 엄청나게 피어올랐다. 소방대가 달려갔지만, 방화수 공급이 원활하지 않아 불기운은 시시각각 맹렬해질 뿐이었다. 이윽고 불길은 팔방에서 치솟았다. 게다가 저녁 무렵에 이르러 마치 폭풍의 상태가 되어 혼조와 후카가와 방면은 온통 불바다가 되었다.

그 무렵까지도 주민들은 이구동성으로 강이 앞에 있기 때문에 쓰키시마는 괜찮을 것이라고 얕보며 도망갈 준비도 하지 않았다. 그저 타오르는 불길을 끄면서 강 건너 불구경만 했다. 그런데 불길은 매우 빨라 상선商船학교가 불타기 시작했다. 양말창糧秣廠도 불타고 맹화는 점점 쓰키시마 방향으로 덮쳐왔다. 마침내 1호지가 불타기 시작했다. 2호지 시영주택에 불이 붙었다고 생각할 겨를도 없이, 불길은 시영주택 300호를 순식간에 핥아먹고 다시 3호지로 옮겨갔으며, 그 또한 얼마 지나지 않아 잿더미로 변했다. 쓰키시마 주민들은 1호지에서 2호지로, 다시 2호지에서 막다른 3호지로 차례로 도망쳤다. 이 3호지에는 약 3만 평의 공터가 있었는데, 하수용 철관 및 토관의 거치장이었다. 토관은 직경과 길이 모두 약 4척이고, 철관은 직경이 약 3척, 길이가 1칸 또는 2칸 정도였다. 이것들이 한쪽에 놓여 있었다. 토관 안에는 물이 고여 있었기 때문에,

여기에 불탄 판자 토막이나 아연판 등을 깔았다. 이 토관 안에 약 3만 명의 쓰키시마 주민들이 대피했다. 물론 모두 옷만 입은 상태였다. 주변에는 화약고가 있었다. 만일 이것이 폭발한다면 목숨은 거기까지였다. 살아 있다는 마음도 없이 두려움 속에 숨었다.

이렇게 쓰키시마는 완전히 타버렸다. 이에 앞서 엣추지마의 양말창 공터에는 혼조와 후카가와 주변에서 피난 온 이재민 3,000여 명이 운집하고 있었다. 그런데 입구 방향에서 이상한 폭음이 계속되었다. 얼마 지나지 않아 양말창은 화염에 휩싸였다. 그리고 폭탄이 곳곳에서 터졌다. 3,000명의 피난민은 도망갈 곳을 찾지 못하고 아비규환에 빠졌다. 마침내 초열지옥焦熱地獄의 아수라장을 연출하다가 한 명도 남김없이 불에 타 죽고 말았다. 그 참담한 광경은 글이나 말로 표현할 수 없었다. 쓰키시마 주민들은 앞서 기술한 바와 같이 토관 내로 대피해 다행히 화약고 폭발도 면했기 때문에 사상자는 비교적 적었다. 그래서 3,000명이 불타 죽는 것을 실제로 목격한 사람들이 많았다. 더구나 그 폭탄을 투하한 것이 선인의 소행이라는 것을 일찍이 알아챘다. 그리고 막일꾼, 재향군인회, 청년단 등은 불령선인의 색출과 수사에 착수했다. 이윽고 폭탄을 휴대한 선인을 붙잡았다. 아마도 수괴자 중 한 사람 같아 엄중히 힐문한 끝에 마침내 그는 다음과 같이 자백했다. "우리는 올해 어느 시점에 대관들이 모일 것이니 이를 노려 폭탄을 투하하고,

이어서 시내 곳곳에 폭탄을 작렬시켜 그들을 모조리 죽이려 했다. 또 액운이 끼어 일진이 좋지 않은 날인 210일째에는 반드시 폭풍우가 들이닥칠 것이니 그 틈을 타서 한꺼번에 들고일어날 음모를 꾸몄다. 기회가 도래하기를 기다리고 있던 터에 대강진이 일어났고, 지금 상태로는 어대전(御大典, 일본 왕의 즉위식―옮긴이)도 어떻게 될지 모르니 이 지진이야말로 좋은 기회로 삼아 결행했다."

이 말을 들은 사람들은 울분을 풀 길이 없었다. 불길은 풍향과 반대쪽으로 치솟았다. 예상 밖의 지역에서 불이 나거나 탁탁 이상한 소리가 난 것은, 바로 선인들이 폭탄을 투하했기 때문이었음이 판명되었다. 원한은 뼛속 깊이 사무쳤고, 중지는 곧바로 하나로 모였다. 칼로 선인들의 목을 후려쳤다. 이렇게 붙잡힌 선인 24명은 13명과 11명 두 그룹으로 나누어 철사로 묶고 쇠갈고리로 때려죽인 다음 바다에 던져버렸다. 아직 숨이 남아 있는 자들은 바닷속에 들어가 다시 쇠갈고리로 머리를 찍었다. 쇠갈고리 여러 개가 너무 깊이 박혀 잘 빠지지 않았다. 또 다른 3명의 선인은 3호지에 있는 석탄 코크스 보관소로 데려가 석탄 코크스가 한창 불타는 속으로 살아 있는 채로 함께 던져 죽였다. 참혹했다. 그러나 후카가와 주변에서는 선인이 우물에 독을 살포하는 바람에 이재민의 아이가 그 물을 마시다가 주먹밥을 든 채 대굴대굴 구르다가 죽거나, 독사탕을 아이가 먹고 죽었다. 이에 비하면 그 정도는 아무것도 아니다. 이뿐만 아니었다. 이들 선인은 순사가 손을 들어 군중을 통제하고 있을 때, 등 뒤에서 대검을 뽑아 그대로 찔러 죽였다. 이렇게 살해당한 순사는 수십 명이 될지 모른다. 그러니까 이런 원한들이 쌓였으니, 앞에서 말한 선인들을 묶어 바다에 던졌을 때, 이를 지켜보던 순사들은 쌍수를 들고 만세를 불렀을 정도였다. 우리는 4일간 토관에서 지냈고, 오늘 시에서 나룻배 편을 열어주었기 때문에 간신히 피난할 수 있었다. 각 역마다 피난민에 대한 배려는 정말 기뻤다.

참으로 생생한 기록이다. 많은 사람이 불에 타 죽는 장면이나 조선인이 살해당하는 모습은 실제로 목격한 광경으로 짐작된다. '막일꾼'이란 토목공사 현장에서 일하는 인부를 지칭한 듯하다.

램지어 교수는 이 기사 가운데 '폭탄을 들고 있다가 붙잡힌 조선인의 자백'을 조선인의 범죄가 실재한 근거로 제시한다. 몇 번이나 다시 읽어보았지만, 내 눈에는 남에게 들은 이야기, 즉 풍문으로 보였다.

'불온 기호'가 된 표지

또 하나의 「가호쿠 1923e」는 9월 6일의 'Hakodate un'yu jimusho Tsubouchi Naofumishiden'이라는 기사라고 램지어 교수는 출처를 밝히고 있다. '전하는 말[傳]'인지 '전보[電]'인지 알아보니 「하코다테 운수사무소 쓰보우치 나오후미坪内直文 이야기[談]」라는 기사였다. 다음과 같은 내용이다.

지진 이후 도쿄 시내에 있다가 가까스로 몸을 피한 뒤, 5일 아침 사무소에 돌아가던 도중 센다이 철도국에 들른 하코다테 운수사무소의 쓰보우치 나오후미는 도쿄의 참상에 대해 말했다.

나는 간다 숙소에 머물렀다. 지진이 일어났을 때, 마침 거리를 걷고 있어서 다행히도 목숨은 건졌다. 그대로 도쿄에 머물며 화재를 입은 지인의 집을 찾아가 겨우 허기를 달랬다. 지진으로 부서진 건물은 비교적 적었고, 그 후에 불탄 것이 대부분이었다. 불령선인의 방화가 많았다는 소문이 들렸다. 마루노우치에서는 경시청, 제국극장 등이 소실되었지만, 마루노우치 빌딩은 남아 있었다. 그 진위야 어찌 되었든, 불령선인은 이번 가을의 경전慶典을 기회로 무엇인가를 꾸미던 중에 지진이 돌발해서 미리 밀조해둔 폭탄을 휴대해 습격한 것 같다. 큰 건축물은 그들의 폭탄에 당한 것 같다. 지진 이전까지 이들은 '오물수거인'으로 둔갑해 시내를 배회했다. 여기저기 요소에 백묵을 사용해 '화살표'로 방향을 표시한 뒤 동그라미에 'ㅏ' 자 등의 기호를 썼다. 모두 그들의 암호라고 전해진다. 지진과 동시에 신호의 봉화가 세 발 올랐다는 설도 있다.

열차는 피난민과 위문객으로 가득 차 정해진 시간도 없이 운행되었다. 그 혼잡함은 이루 말로 할 수 없었다. 기관차 탱크에까지 사람이 올라탔고, 객차 지붕에 여아와 할머니까지 타고 있어 깜짝 놀랐다. 고야마 부근까지는 열차마다 음료수와 음식을 공급받았다. 그러나 그 이후로는 불령선인에 대한 경계가 매우 엄중해졌다. 곤봉을 든 사람들이 조선인을 찾기 위해 열차를 돌아다니는 무서운 상황이었다. 열차 안에서는 이런 상황 때문에 굶주림과 피로에 졸도하는 피난민이 매우 많았다. 도쿄 방면을 향해 가는 사람은 그나마 기운이 있었지만, 피난민은 극도의 피로에 지쳐서 열차 안에서도 매우 비참했다. 이런 시기에는 가능하면 어쩔 수 없는 사람 외에는 피난민을 위해 상경을 삼가길 바란다.

이 기사에는 여러 정보가 담겨 있지만, '불령선인'의 동향에 대해서는 '진위야 어찌 되었든' '소문이 들렸다' '……라고 전해진다' '……다는 설도 있다' 등으로 보도한다.

기사에 있는 '화살표' 등의 '불온 기호'에 대해서는 상세한 조사 기록이 고토 신페이 문서에 남아 있다. 그 기호는 도쿄 시내와 인근 마을 민가의 판자 울타리나 판벽 널빤지에 백묵으로 새겨진 것으로 매우 다양하며, 그것은 각각 방화, 폭탄, 강도, 살인 등 조선인들의 불령한 시도를 보여주는 것으로 인식한 시민들에게 불안을 불러일으켰다고 설명했다. "그렇지만 조사 결과"는 "지진 재해와는 관계없이 청소부, 신문 배달부, 우유 배달부 등이 각각 업무상 필요에 따라 사용한 것이며, 시내 거의 모든 곳에서 널리 사용한 것으로 판명되었다. 또한 그 표기 방식이 너무 노골적이고 졸렬해서 용도 불명의 다른 기호라 할지라도 어떠한 음모적 소행으로 인정하기 어렵다"는 결론을 내렸다. '오물수거인', '청소부'는 화장실 정화에 종사했던 사람으로, 관련 작업을 위해 붙여놓은 표식이 유언비어로 전해지자 사람들이 겁을 먹었다고 이 기사는 전했다.

타오르는 복수심

램지어 교수가 인용한 지진 직후의 《가호쿠신보》 네 개의 기사 중 나머지 두 개의 자료도 확인해보자. 「가호쿠 1923c」를 찾아보니, 9월 6일의 「토관에서 생존한 3만 명」과 같은 지면에 실렸다. 「불령선인에 대해/타오르는 복수심은/좀체 사라질 것 같지 않은/기발한 선인 감별법」이라는 제목으로 다음과 같이 보도했다.

도쿄 대화재의 부차적 원인으로, 또는 보기에 따라서는 주요 원인으로도 생각되는 불령선인의 폭행은 거의 모든 것을 잊을 정도로 도쿄 시민들을 격앙시켰다. 복수심은 불처럼 타올랐고 시가지의 불길은 가라앉아도 이것만은 좀처럼 가라앉지 않고 있다.

어쨌든 대지진과 동시에 시내 각처의 가스관이 파열해 시중에

다량의 가스가 분출됐다. 게다가 선인들이 단체로 불을 지르고 다녀 시내 120여 곳이 불길에 휩싸였다. 더욱이 곳곳에 폭탄을 던져 불길의 확산을 조상했나. 새해 후에는 각처의 우물에 독약을 뿌려 넣고, 이재민의 아이들에게 줄 빵 속에 쥐약을 넣어 나누어 주었다니 정말 참을 수 없다.

사람들은 "내 부모와 자식, 아내와 형제를 죽인 자들은 모두 저 놈들"이라거나, "내 집을 빼앗은 것도, 우리를 이렇게까지 굶주림에 빠뜨린 것도 모두 저놈들 짓"이라고 절대적으로 믿기 때문에 결코 온순할 리 없다. 아무리 경찰관이 선인을 발견하면 바로 붙잡아 군대로 넘겨라, 결코 멋대로 제재를 가해서는 안 된다고 소리 높여 호통쳐도 소용없었다. 죽이고 때리고 싶은 의지가 언행일치가 되어 이제는 경찰력이 미치지 못하고 민중의 사형私刑이 이루어졌다. 박살형, 투석형, 일도양단一刀兩斷형, 사살형 등 더 이상 찾아볼 수 없을 정도의 극형을 생각할 만큼 민중은 불령선인의 피에 굶주렸다.

이런 상황이니 조선인은 말할 것도 없고, 일본인도 조선인으로 오해받아 도쿄 근교에서는 목숨과 관계되는 문제가 발생했다. 그 가운데서도 가장 기가 막힌 것은 동북 방면 출신들이었다. 군중은 그들 특유의 어눌한 말투를 듣고 "이놈 수상하다"며 다가섰다. 누군가 수상하다고 말하면 마지막에 "와" 하고 함성을 질렀다. 그러면 모든 것이 소용없었다. 마음껏 때린 다음 "일본인이었네"라고 말하면 그만이었다.

이런 일이 빈번하게 발생했다. 경찰에서도 이를 제어할 목적으로 일본인에게 머리띠를 두르게 해서 식별하도록 했다. 피난민을 태운 열차 안에서 왕왕 머리띠가 보이는 것도 이 때문이다. 부인은 열차 안에서도 일반적으로 엑스 자 모양의 어깨띠를 풀지 않았다. 여전히 전장 느낌의 흔적이 남았다. 조선인은 이 머리띠를 자기방어를 위해 곧바로 흉내 냈다. 우에노 부근에서는 재향군인의 옷을 입은 선인이 그 정복 입는 방법을 헷갈려 폭행당했다고 한다. 잘못된 머리띠 착용은 오히려 선인 식별의 한 방법이 되었다. 종래 선인을 구별하기 위해 생년월일을 묻기도 하고(그중에는 1923년 태생이라고 말하는 자도 있다), 이로하 노래(いろは歌, 에도시대에 일본인이 히라가나를 암기하기 위해 불렀던 노래―옮긴이) 등을 부르게 했는데, 이 머리띠는 가장 눈에 띄었다. 일본인의 머리띠는 예전부터 단정하게 각을 세우는 특징이 있지만, 선인은 머리띠를 축 처지게 하거나 이마 중간쯤에 머리띠 양 끝이 꼬불꼬불 감겨 있다. 그것은 큰 차이여서 곧바로 판별할 수 있었다. 노동자에게는 손바닥을 살펴본다는 이야기도 있지만, 이는 그다지 성공적이지 못했다.

선인의 완장에 十은 폭탄, △은 독약, 又자는 방화조라든가, 또는 일본인처럼 생긴 자가 분필로 방화 지점을 표시했다는 이야기도 있지만, 이는 약간 의문이다. 설령 의문이 아니더라도 이는 일부 소수의 맹약인 것 같고, 조직적인 규약은 아닌 것 같다. 또 심한 것은 때려보면 안다는 것도 있다. 이 무리 일본어로 변명해도, 개의 귀를 잡아당기면 짖듯이, 급해지면 무심코 조선말을 내뱉는다는 것이다. 마음에 들지 않아도 그들에게는 이것이 가장 회심의 식별 법인 것 같다.

이 기사는 피난민에게 들은 이야기를 정리한 것으로 생각된다. 램지어 교수는 이 기사를 토대로 "그것은 도쿄 재해의 부차적인 원인, 견해에 따라 주된 원인이라고도 말할 수 있다. 그것은 반사회적인 조선인에 의한 폭력이다. 지진은 거리의 가스관을 파괴했다. 그러자 조선인 집단이 거리에 흩어져 가스에 불을 질러 120곳 이상에서 화재가 일어났다. 어떤 곳에서는 그들이 폭탄을 던졌고 재해 후에는 우물에 독을 뿌렸다"고 주장한다.

야마가타 아리토모 총리의 저택

램지어 교수의 논문에 인용된 《가호쿠신보》의 기사는 하나 더 있다. 그것은 "일부 도쿄 주민들은 고 야마가타 아리토모 총리의 저택으로 피난했다. 그러나 조선인이 우물에 독을 뿌렸기 때문에 식수가 없었다고 《가호쿠신보》는 보도했다"고 제시한 「가호쿠 1923a」다. 9월 6

일의 「대지진 후의 도쿄는/불탄 자갈밭과 같다」는 제목의 기사다. 이 기사의 내용도 확인해보자.

도호쿠대학에서 피해 상황을 시찰하기 위해 상경한 시부야渋谷 서기는 온몸이 진흙투성이인 모습으로 5일 정오 무렵 센다이에 돌아왔다. 그의 시찰담에 의하면, 가와구치정의 혼잡은 실로 형용할 수 없는 상태였다. 피난민은 큰 무리를 이루어 몰려들었다. 가와구치정에서 도보로 아카바네까지 가자 그곳에도 피난민이 가득해 도저히 지나갈 수 없을 정도였다. 배고픔을 호소하는 어린이와 다리를 접질린 부인, 중상과 기아로 죽어가는 남자 등이 구원을 요청했다. 아카바네와 닛포리 구간은 이재민이 철로 위에 허술한 피난 오두막을 지어 거주하고 있어서, 선로에 고장이 없었는데도 기차를 움직일 수 없었다. 무리하게 기차를 움직이려고 하자 "차라리 치어 죽여달라"며 한 치도 움직이지 않는 형국이었다. 겨우 우에노에 도착해 산으로 올라가보니 마치 불탄 자갈밭과도 같았다. 겨우 아사쿠사의 관음과 대형 건물의 철근만이 보였다. 청년단, 군인회 분회, 자경단원들은 모두 칼, 철봉, 참나무봉을 들고 경호를 맡고 있었다. 지진 후 화재는 그다지 심하지 않았지만, 1일 밤부터 불령선인이 곳곳에 방화를 일으켰다. 우에노에서도 조선 부인이 석유를 뿌리고 거기에 선인이 나중에 폭탄을 던졌다고 한다.

이에 이재민의 선인에 대한 증오는 상상 이상이었다. 이 부근 사람들은 한때 이와사키岩崎 남작의 저택으로 피신했는데, 선인이 저택 내 우물에 독약을 뿌려 매우 곤란을 겪고 있었다. 그래서 4일 오전에는 만세이바시에서 7명, 오후에는 오오쓰카에서 20명, 가와구치에서 30명의 불령선인이 포박되어 일부는 총살되었다고 한다. 귀로는 도중까지 기차 지붕에 올라타서 왔는데, 곳곳에서 선인의 소동이 일어났다. 여하튼 남자 혼자서는 억지로 가려면 가겠지만, 여자와 노인들은 도저히 못 갈 것이라고 한다.

먼저 지적할 수 있는 것은 램지어 교수가 '고 야마가타 아리토모 총리의 저택'이라고 표기했는데, 원래 기사에서는 '이와사키 남작의 저택', 즉 미쓰비시 재벌을 이끈 이와사키 남작의 저택이었다. 램지어 교수가 인용한『현대사 자료』를 보면 '남작'이 빠져 '이와사키 저택'으로 표기되어 있다. 아무튼 램지어 교수는 '이와사키 저택'을 영어로 '고 야마가타 아리토모 총리의 저택'으로 번역했다. 왜 그렇게 되었는지는 이해를 넘어선 영역이다.

3
보도가 늘어난 이유

갖추어진 조건

이런 도쿄 피난민의 담화는 도쿄대학 신문연구소의 논문 「관동대지진 하의 '조선인' 보도와 논조」가 지적하듯이 "특히 조선인에 의한 폭행에 관해서는 사실을 현저하게 왜곡하거나 과장된 유언비어로 가득 차 있었던" 것이 분명하다. 하지만 신문기자로서 내가 당시 그 자리에 있었다면 나 역시 비슷한 기사를 쓸 수밖에 없었을 것이다. 전해들은 이야기의 내용이 정말 사실인지를 확인할 수 있는 방법이 없었다. 하지만 말하는 사람들이 거짓말을 할 이유는 없다. 수많은 사람의 이야기가 들으면 들을수록 그 내용이 비슷했다. 그리고 전국 어느 신문이든 한 편이라도 기사를 더 싣고자 했던 시점이었다.

애당초 사고나 재해 현장에서 체험자와 목격자를 찾아 증언을 모으는 취재는 오늘날에도 드문 일이 아니다. 기자의 기본자세라 할 수 있다. 예를 들어, 2020년 신종 코로나바이러스에 의한 대규모 감염이 확인된 중국 우한에서 일본인을 귀국시키기 위해 일본 정부는 전세기를 운항했다. 공항에는 많은 취재진이 기다리고 있었다. 귀국자가 한 말은 그대로 보도되었을 것이고, 일본 내에서 보면 상상할 수 없는 간절

한 이야기일수록 뉴스 가치는 높았을 것이다.

《가호쿠신보》가 유별나게 많은 기사를 게재한 데는 이유가 있었을 것이다. 열심히 노력한 것도 분명 있지만, 그와 더불어 이재민에게 이야기를 들을 수 있는 조건이 갖추어져 있었다. 도쿄에서 서쪽으로는 철도도 통신도 대부분 기능이 정지되었다. 하지만 북쪽으로 향하는 철로는 움직이고 있었다. 조반선은 하루 만에 가나마치 이북이 단선으로 복구되었고, 도호쿠선도 가와구치 이북은 단선으로 복구되었다. 3일에는 스미다강 교량이 응급 수리를 마쳐서 조반선이 닛포리까지 개통되었고, 4일에는 도호쿠선의 아라카와 교량이 단선으로 응급 복구되어 아카바네, 다바타를 거쳐 닛포리까지 운행되었다. 4일에는 피난민의 무임승차가 시작되었다. 어떻게든 도쿄를 탈출하려는 사람들이 북쪽으로 향하는 철도에 넘쳐났다. 《가호쿠신보》는 그런 사람들의 체험담을 모아서 보도한 것이다. 《가호쿠신보》가 유달리 경솔했기 때문에 유언비어를 많이 보도한 것 같지는 않다. 다른 지역 신문에서는 얻을 수 없었던 정보를 수집할 수 있는 환경에 있었던 것이다.

더 큰 요인은 센다이 철도국의 존재다. 수도권 철도 복구를 위해 센다이 철도국은 자재와 인력을 가장 먼저 현장에 보냈다. 이곳만 열차 운행이 가능했기 때문에 다른 지역 철도국에서는 할 수 없는 일이었다. 국철 업무 일지에 따르면, 센다이 철도국은 이미 2일에 철도성이나 도쿄 철도국과의 연락과 작업 원조를 목적으로 운수, 운전, 공무, 전기, 경리 각 부서의 직원 1명으로 구성된 이동 출장반을 편성해 출발시켰고, 오미야역 구내에 센다이 철도국 파출소를 설치했다. 이 일지를 보면, 지진 직후 독자적인 파출소를 마련한 철도국은 센다이뿐이다. 그곳으로부터의 정보는 철도 전화로 센다이에 전해졌고, 《가호쿠신보》는 이들 정보를 차례차례 기사화했을 것이다. 5일 지면에는 「센다이 철도국 오미야 파출원 시마무라島村 서기로부터 철도 직원의 목격담을 전화로 보고해왔다」라는 기사가 보인다. 당시 다른 신문들은 모두 철도 전화에만 의존했지만, 센다이의 《가호쿠신보》는 독자적인 정보원을 갖고 있었다고 말할 수 있다.

도쿄에서 몰려든 피난민들이 도쿄의 분위기를 함께 실어온 것도 고려해야 한다. 마찬가지로, 철도에서도 우스이 고개에서 서쪽 신에쓰선까지는 분위기가 상당히 달랐다고 당시의 신문은 전했다. 이에 대해서, 도호쿠선과 조반선의 철도 풍경은 살기에 찬 상태로 무장한 자경단이 열차 안과 역을 돌아다녔다. 피난민들은 전쟁이라 말해도 좋은 상태였다고 증언했다. 도쿄 일대 재해지의 분위기가 그대로 북쪽으로 흘러갔다. 그 환경 속에서 《가호쿠신보》는 가장 쉽게 정보를 모을 수 있었다. 《가호쿠신보》의 기사가 지진 직후에 유난히 많았던 것은 이런 이유였을 것이다.

제2사단의 움직임

　도쿄대학 신문연구소의 학술지에 실린 논문은 《가호쿠신보》의 기사 내용도 분석한다. 이 논문은 5일 조간의 다음 기사가 '사실무근의 유언비어에 불과하다'고 지적했다.

　　도쿄의 참해 후의 혼란은 더욱 심해졌다. 불령선인 무리가 습격해 각처에서 쟁투를 일으켜 매우 위험한 상태다. 육군에서는 계엄

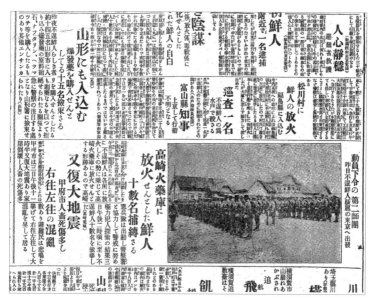

《가호쿠신보》 9월 5일 자 지면.
출동 준비하는 제2사단이 센다이역 앞에 정렬한 사진을 게재했다.

령 발령과 함께 근위 제1사단과 우쓰노미야, 다카다의 사단에서 일부 병력을 증파해 질서 유지에 노력했지만, 여전히 미흡해서 3일 밤 제2사단에 출동 명령을 내렸다.

논문은 4일 석간의 다음 기사에 대해서는 "출처가 제시되지 않아 정보원이 분명치 않다. 그러나 기사의 내용으로 보아 계엄군 또는 경찰 소식통에게 받은 정보일 가능성을 시사한다. '조선인 폭행'이라는 유언비어를 조선의 독립운동과 연결해서 '설명'한다는 점에서 강한 정치적 의도를 가진 선동적 성격의 유언비어를 보도했다고 말할 수 있다"고 지적한다.

도쿄의 대참해는 지진과 폭풍을 기화로 조선의 독립 음모단이 시기가 도래했다고 생각해 폭탄 방화의 대잔학을 단행한 것이 명료해졌다. 이런 큰 음모를 꾸민 것을 미연에 파악하지 못한 잔촉殘觸 내각은 최후를 맞이했고, 이를 방조한 정우회政友会 간부들도 모두 압사한 것으로 알려져 국민의 의분義憤은 피했다. 하지만 우쓰노미야역에서 체포한 선인의 자백에 의하면, 그들은 광산 또는 수력 전기 공사, 철도 공사의 인부로 고용되어 교묘하게 다이너마이트를 구해 맥주병 등에 넣어 모처에 몰래 숨겨두었다. 기묘한 암호 부호로 서로 연락을 주고받으며 도쿄를 중심으로 기회를 노리고 있었다. 민심이 느슨해져 긴장감이 떨어지고, 사상은 점차 악화하여 내각의 탈취 운동에 열중하려던 차에 대지진, 대폭풍, 대화재로 큰 동요가 일어났다. 이에 그들이 조직한 결사대는 중요한 관아, 은행, 부호 등에 폭탄 방화를 자행해 무정부 상태에 빠뜨리는 폭동을 일으키기로 계획했다. 동그라미에 '일一'은 폭탄 담당, 두 개의 '산山' 모양은 방화 담당, 동그라미에 '정井'은 독살 담당이라는 암호를 정했다. 계엄령이 발령되고 군대의 추격을 받자 학생 등으로 둔갑하여 이재민과 함께 팔방으로 도주했다. 그중에는 마지막 폭탄을 시험하기 위해 우쓰노미야역에 하차하려던 선인 10여 명이 있었다. 대격투 끝에 4명을 포박했지만, 나머지는 필사적으로 도망쳐 매우 험악해진 상황이어서, 제2사단에도 출동 명령을 내렸다. 4일 오후 1시 10분발 열차로 제29연대 병력이 무장해 우쓰노미야 방면으로 급행했다. 또 5일 오전 5시 30분발 열차로 공병 제3대대와 위생대 약 500명이 도쿄 방면으로 급행할 것이라고 한다. 현 경찰부에서도 수상한 조선인은 전부 검속하기로 방침을 결정했다. 주변 경찰부와도 공동으로 대책을 마련하는 등 경찰 내부에는 밤새 이례적인 긴장감이 흘렀다.

이 기사는 유언비어를 그대로 전하는 부분이 있다. 하지만 이 기사를 읽은 《가호쿠신보》의 독자들이 정보원 때문에 고민하는 일은 없었을 것이다. 이 두 기사의 공통점은 '제2사단에 출동 명령이 내려졌다'는 사실을 전한다는 것이다. 다른 사단은 우쓰노미야(제14사단), 다카다(제13사단)로 지명을 붙이고 있는데, 왜 제2사단은 지명을 붙이지 않은 사단이었을까?

그 이유는 명백하다. 제2사단은 센다이에 사령부를 둔 부대였기 때문이다. 제2사단을 모르는 《가호쿠신보》의 독자는 없었을 것이다. 사단장은 친임관親任官에 해당하는 직책으로 칙임관勅任官인 현 지사보다 높은 직책이었다. 일본 육군의 부대는 지역에서 징집한 병사로 편제되고, 사단은 보통 네 개의 보병연대를 거느리고 있었다. 기사에 등장하는 제29연대는 센다이에 주둔한 보병 부대였으며, 미야기현 출신의 병사들로 편제되었다. 그 향토 부대가 출동하는 것을 《가호쿠신보》기사가 보도한 것이다.

4일 석간은 1면에 「제2사단의 2개 연대/오늘 오후 센다이역 출발」이라는 기사를 실었다. 이 기사는 "도쿄시와 그 부근의 지진 재해 구호를 위해 3일 오후 8시 오미나토 요항부 사령관을 거쳐 제2사단 사령부에 유력한 통신반을 보유한 공병대와 위생대의 출동 명령이 내려졌다. 사단 사령부에서는 민첩하고 신속하게 센다이 주둔 각 부대와 와카마쓰, 야마가타 각 부대에 명령해 400명의 위생병을 임시 편성하고 의관 14명이 이를 인솔하게 했다. 한편 공병 제2대대 300명은 사토佐藤 대좌가 지휘해 4일 오전 5시 30분 도쿄시 외곽 다바타를 향해 출발"이라고 전했다. 이와 별도로 센다이 보병연대에 출동 명령이 내려졌다는 사실도 보도했다. 3일 석간에는 "제2사단의 출동 여부는 아직 결정되지 않았다"는 기사도 게재되었다. 현지에서는 제2사단의 동향에 큰 관심이 쏠렸음을 말해준다. 5일 조간에는 「동원 하명의 제2사단」이라는 사진도 실려 있다. 센다이역 앞 광장에서 총을 들고 정렬한 모습으로 "불령선인이 발호한 도쿄로 출발"이라는 설명이 붙어 있다.

보병 1개 연대는 약 2,000명이다. 그 정도 규모의 부대가 무장해 혼란을 겪고 조선인 집단과 전쟁 상태라고도 전해지는 도쿄 방면으로 출동한다는 사실은 《가호쿠신보》는 물론, 그 독자들에게도 더 없이 관심을 끌 수 있는 뉴스였다. 독자 중에는 가족과 친지 중에 병사가 있는 집안도 있었을 것이다. 이 뉴스의 행간에는 그런 사연이 담긴 기자와 독자 사이의 암묵적인 양해가 담겨 있다. 《가호쿠신보》에는 제1급 뉴스였다. '출동 명령이 내려졌다'는 것만으로는 도저히 기사로 성립되지 않는다. 왜 출동하는지, 그것이 얼마나 중요하고 위험한 임무인지를 설명할 필요가 있었다. 당연히 제2사단에서 취재도 했을 것이다. 거기에 더해 수중에 있던 도쿄 방면의 최신 정보를 더해 이 기사는 생겨났을 것이다. 만약 내가 취재 데스크였다면 그렇게 기사를 만들라고 기자에게 지시했을 것이다.

높지 않았던 사회의 관심

도쿄대학 신문연구소의 《도쿄대학 신문연구소 기요》에 발표된 이 논문은 공전의 시도였다. 관동대지진과 신문 보도를 둘러싸고 이후에도 이를 능가하는 연구가 없다는 것은 이 분야 연구자인 야마다 쇼지가 20년 가까이 지나 "여기에 덧붙일 것은 없다"고 기록한 것이 이를 잘 말해준다. 그러나 한편으로 이 논문에는 커버할 수 없는 영역이 있었다. 그것은 《가호쿠신보》 기사를 어떻게 읽느냐는 것이다.

그렇다고 해서 그것이 이 논문을 정리한 연구자의 책임이라고 생각하진 않는다. 사회학자로서 대형 컴퓨터와 더불어 최신 기법을 이용해 엄청난 노력을 들인 획기적인 연구였다. 패전 이전의 군사 사정에 대한 지식이 사회에서 사라진 시점이니 제2사단을 몰라도 이상할 게 없었다. 하지만 뭔가가 부족했다. 무엇인가? 그것은 사회의 관심이었던 것 같다. 신문 관계자가 제대로 읽었더라면 나 같은 위화감을 느끼는 사람이 있었을 것이다. 동북 지방의 사정과 군사사에 정통한 사람이 읽었다면 아마도 어떤 반응이나 새로운 전개가 있었을 것이다.

관동대지진의 파묻힌 사실을 파헤치는 작업은 1960년대에 시작되었는데, 그 연구의 중심은 재일조선인 연구자였다. 점차 일본인 역사가도 가세했지만 한정된 연구자 사이의 테마라는 영역에서 벗어나지 못했다. 학살 사건에 대한 일본 사회의 관심은 부족한 채로 시간이 흘렀다. 그것은 많은 일본인에게 눈을 돌리고 싶은 사실, 가능하다면 모른

채 지나고 싶은 과거였음을 보여주는 것이다. 일본 사회는 전후라는 공간을 통해 관동대지진의 학살이 애매하게 방치되기를 내심 바랐다고 말해도 좋을 것이다.

만약 두 사회학자의 논문을 계기로 논의가 확장되고 깊어졌다면, 신문이 엄청난 오보를 낳은 원인과 배경에 대한 규명과 사회적인 이해가 진행되었을 것이고, 무엇보다도 램지어 교수가 이런 논문을 쓰지 않았을 것이다. 나도 이 논문을 지금까지 읽은 적은 없었다. 신문기자 나부랭이로서 그동안의 무지를 부끄러워할 수밖에 없다.

제6장

학살은 왜 일어났을까?

지진 당시의 모습을 그린 그림.
일본도와 죽창을 손에 든 자경단의 활동을 표현한다.
자경단은 재향군인을 중심으로 구성되었다.

1
학살의 실상

지금까지 상당수의 신문 기사를 검토했다. 조선인에게 가해진 폭행 관련 기사는 직접적인 목격 증언으로 보이는 것들이 많았지만, 놀라운 것은 그 잔인함이었다. 조선인에게 덤벼든 사람이 손에 들고 있는 것 중에 눈에 띄는 것은 쇠갈고리다. 오늘날에는 완전히 자취를 감췄지만 튼튼한 막대기 끝에 새 부리 모양의 뾰족한 금속을 붙인 도구다. 주로 통나무 등 목재를 옮기는 데 사용되는 도구로, 아마 가장 살상력이 높은 도구였을 것이다. 그런 것에 일격을 당하면 누구도 살아남지 못했을 것이다.

군과 경찰에서 빼앗아 살해

그저 조선인을 죽일 목적이었다고밖에 생각되지 않는 사례가 많다. 램지어 교수가 소개한 《가호쿠신보》의 마지막 기사(가호쿠 1923d)는 그런 사건을 전한 기사다. 「호송 중인 선인을 빼앗아 학살/지바현 히가시가쓰시카군의 자경단 청년단」이란 제목으로 1923년 10월 22일 지면에 게재됐다.

지바현 히가시가쓰시카군에서도 불온한 유언비어에 선인이 불안에 빠졌다. 야사카 무라 호쿠소 철도 공사장의 선인 노동자가 위험에 노출되어 이 회사는 나라시노 기병 연대에 보호를 요청했다. 13명의 병사는 27명의 인부를 호위해 5일 오후 후나바시 경찰서로 향했다. 가는 도중 격리 병원 앞에 접어들자 이 마을 소방조 청년단 16~17명이 흉기를 들고 후나바시 경찰서에 후송하던 선인의 인도를 강요했다. 병사의 모습이 사라지자 곧바로 이들을 학살하고 이 마을 나쓰미 가매장장에 묻었다. (도쿄 전화)

비슷한 사건은 많았다. 《도쿄 아사히신문》은 10월 17일 「구마가야 혼정에서는 58명 참살」이라는 기사를 게재했다.

9월 4일 오후 5시 무렵, 도쿄 방면에서 이재민 58명의 노동자 일행은 시내 밖 이타 다리에서 임시 헌병분견소의 조사를 받고 경관 12명의 보호 아래 다카사키로 향했다. 오후 7시 무렵, 나카센도를 통해 구마가야 혼정 거리에 도착했다. 그런데 이 마을 소방조를 중심으로 한 자경단원을 비롯한 부근 촌락의 젊은이들은 일본도, 곤봉, 죽창 등을 들고 갑자기 함성을 지르면서 일행을 습격해 곧바로 때리고 목을 베는 폭거를 저질렀다. 이들은 비명을 지르며 도망가는 자들을 가차 없이 구마가야지 부근까지 추적해 결국 모두 참살했다. 경관들도 대책을 세울 수 없었고 마을 사람들도 이 참상을 외면할 뿐이었다. 피로 얼룩진 58명의 시체는 이날 밤 아라이 조역助役이 일동을 지휘해 짐수레로 이 마을 야나기하라 묘지로 옮긴 뒤, 다음 날 아침까지 소각했다. 당시 소각을 도운 기타정의 우이하라 다케마쓰初原竹松는 사체 주머니에서 거액의 현금을 빼내어 부자가 되었다는 소문도 있다. 또 요리이정에서는 6일, 이 마을 분서分署에 보호 중이던 한 명이 요우도무라 소방수와 청년들의 습격을 받고 죽었다. 메누마정에서는 나가노현 출신 모 씨가 학살되었는데, 1달 후 범인 검거에 즈음해서 본의 아니게 자경단과 경찰관 사이에 대충돌이 일어났다. 가나자와 사단에 의해 사태가 겨우 진정되었고 범인은 지금 엄중히 취조 중이다.

10월 16일 발행된 《호치신문》 석간에는 「200명의 자경단원이/경찰서에 난입 16명 참살/군마현 후지오카정 폭행 사건」이라는 기사가 게재되었다.

군마현 다노군 후지오카정의 일부 마을 주민은 지진 후의 혼란과 유언비어에 놀라 자경단을 조직하고 경계 중이었다. 지난달 2일 오후 6시 무렵, 오니시정 자경단원들은 사이타마현 지치부정 방면에서 도망쳐 온 25세의 과자 행상 사이토齋藤를 붙잡아 후지오카 경찰서에 인치했다. 이어 4일 밤, 신마치의 토목 청부업체 가시마구미 소속의 노무자 스가 긴須賀金 수하에 있던 16명을 검속해 경찰서에 인양했다. 취조한 결과 사이토에게는 아무런 의심스러운 점이 없어서 경찰서는 그를 4일에 석방하고, 인부 16명만 유치해 감시 중이었다. 5일 오후 6시, 후지오카정의 자경단원과 오니시정 자경단원 200여 명은 경종을 난타하면서 후지오카 경찰서에 쇄도했다. 사이토의 석방에 대해 시타라設楽 서장에게 힐문했고, 경찰서장은 그 이유를 변명했다. 하지만 흥분한 200여 명은 수긍하지 못하고 점점 더 격분해 결국 경찰서 안으로 난입하고 닥치는 대로 기물을 파괴하고 폭행을 일삼았다. 경찰서의 유치장에도 난입해 도망치는 16명을 일본도, 죽창, 쇠갈고리, 엽총, 철봉 등 흉기를 휘둘러 참살한 다음, 서장 관사에 침입하여 장롱, 기타 기구를 닥치는 대로 파괴하고 돌아갔다.

당시 과자 행상에는 조선인이 많았다. 살해당한 16명을 '수하' 또는 '인부'라고 표현한 것은 조선인이라고 쓰는 것이 용납되지 않았던 시기였기 때문이다.

'저런 참상은 처음이다'

10월 26일《도쿄 니치니치신문》사이타마현 판은 학살당한 조선인의 시신 처리에 관여한 사람의 체험담을 「저렇게 처참한 일은 처음이다」라는 기사로 게재했다.

　사이타마현에서도 혼조정은 학살된 사람이 많았다. 4일 밤, 경찰서 앞이나 혼정 부근, 쓰쿠바정과 핫초 구역, 유우코쿠지 경내, 이시하라 시내에는 시신이 즐비하여 눈을 뜰 수 없을 정도였다. 여자아이들은 문을 닫고 쥐죽은 듯 숨죽였다. 경찰에서도 마을 사무소에서도 이것저것 해보았지만 걷잡을 수 없었다. 5일 아침, 마을 위생 조합의 78세의 상용 고용자(지면에서는 실명)에게 시체를 처리하도록 했다. 그는 원래 격리 병원에 기거하면서 사망자 처리 정도는 전혀 아랑곳하지 않는 남자였지만, 이번 시신 정리에는 주저했다고 한다. 피투성이로 붉게 물든 50여 구의 시체를 눈앞에 두고 도저히 손을 대지 못했다. 서둘러 인근 술집에 뛰어들어 됫술을 마신 다음, 짐수레에 사체를 싣고 일단 옛 격리 병원 터의 공동묘지에 구멍을 파서 묻었다. 워낙 악취가 심해 인근 민가에서 민원이 많았다. 시신을 제대로 묻지 않아 한쪽 발이 삐져나오거나 머리가 흙에서 드러나 있기도 했다. 그랬더니 개나 까마귀가 몰려들었다. 같은 달 8일에 시체를 다시 파내어 화장한 다음 오하라에 있는 유우코쿠지 경내의 공동묘지로 옮겼다. 최근 이번 학살을 뉘우치고, 아침저녁으로 이 무연고 사망자들을 애도하고 탑

파塔婆에 물을 뿌리거나 꽃을 바치기도 했다. 어제 이 남자를 찾아가자, "정말 놀랐어요. 그때는 술을 마시지 않고서는 도저히 손을 쓸 수가 없었습니다. 저도 1868년부터 오늘까지 화장터 일을 도맡고 있습니다만, 저런 끔찍한 시체를 취급한 적은 없었습니다"라고 일손을 멈추고 일어섰다.

살인은 공공연한 장소에서 벌어진 일이었다. 수많은 사람이 그 잔학함을 목격했다. 앞서 소개한 《요미우리신문》 사설은 "이런 처참한 잔인성은 과연 일본 국민에게 깊이 잠재된 본질인가? 일본이 전쟁에 강한 것은 이런 잔인성을 갖고 있기 때문일까? 대체로 자경단이란 평화적인 시민의 집합이어야 할 것이다. 이런 지나친 잔인성이 이 사람들에게까지 심각하게 일어난다면, 국민성 교육의 장래를 위해서도 크게 생각해야 할 문제다"라고 말했다.

정신이상이 원인인가?

그 처참한 잔인함을 어떻게 이해할 것인가? 지진의 충격으로 이재민들이 '정신이상'에 빠졌다는 이야기를 퍼뜨린 것 같다. 10월 29일 《하코다테 니치니치신문》에는 「살인 자경단원/모두 정신감정」이라는 기사를 게재했다.

경시청 위생부 정신과에서는 현재 오우지 병원에 입원 중인 선인을 베어 죽인 자경단원의 정신감정 결과, 정신병자로 판명되었다고 한다. 이번에 지진 당시 이런 행위를 한 자는 거의 정신병자이거나 또는 정신병적인 피가 흐르고 있는 게 아닌가 하며 살인 자경단원 모두에게 사법성과 교섭해서 정신감정을 받도록 했다. 이에 대해 가네코金子 의학사는 "로마 도시를 하루아침에 불태워 재로 만든 네로는 분명히 정신병자였다. 오우지의 사례도 8할까지는 정신병자로 인정된다. 감정이 내키는 대로 행동하는 직정경행자直情径行者에게는 이런 일이 일어나기 일쑤다. 선인의 습격에 공포를 느끼고 일시적으로 광적 상태에 빠지게 됐고, 피를 보고 미친 자들이 많았다. 모두 정신병자라고 생각한다"고 말했다. (도쿄 전화)

그러나 이런 해석으로는 이해할 수 없는 사태가 신문에 자주 발견된다. 10월 21일 《도쿄 아사히신문》은 「미국 기선 위에서／선인 6명을 죽이다」라는 다음 기사를 게재했다.

9월 1일, 시즈오카현 시미즈항에서 출발한 미국 기선 프레지던트 제퍼슨호에는 도쿄의 이재민을 위로하기 위해 시즈오카 시민 등 80명이 승선해 2일 새벽 요코하마에 입항했다. 4일 아침 상륙에 즈음하여 선원은 "요코하마 시내에는 선인이 난동을 부리고 있으니 조심하라"는 주의를 들었다. 그때 승객들은 뜻밖에도 6명의 조선이이 승선한 것을 발견했다. 사람들은 갑자기 살기를 띠고서 2명의 선인을 죽이고, 나머지 4명을 바다로 던졌다. 옆에 있던 중국인 모녀도 조선인으로 오인되어 바다로 던져졌다.

그런데 이들 승객이 무리를 지어 도쿄로 가던 도중, 쓰루미에서 자경단의 수하誰何를 받았다. 그 가운데 1명은 응답 요령을 알지 못해 오인되어 죽었다. 그의 안주머니에 있던 수첩을 통해 와카야마현 사람이라는 것을 알았다.

위로에 나선 사람들까지 정신병이 있다거나 정신이 이상했다고는 말할 수 없을 것이다.

유언비어의 어떤 부분이 두려웠을까

조선인으로 보이면 망설임 없이 무차별적으로 죽였다. 왜 그랬을까? '불령선인'이 무슨 일을 저지를 것이라는 두려움이 있었을 것이다. 애당초 사람들이 들은 유언비어란 어떤 내용이었을까? 《가호쿠신보》의 지면에서 지진 재해 직후의 유언비어 내용을 확인해보자.

3일 조간은 「야마모토 백작과 화약고 폭발설」에서 "야마모토 곤베에 백작은 대지진의 와중에 불령선인 때문에 암살당했다는 보도가 있다. 또 불령선인과 반反정부 정당이 포병 공창 아카바네 화약고를 폭발시켰다는 소문이 있다"고 보도했다. 가토 도모사부로加藤友三郎 수상이 8월 24일 병사했고, 해군 대장 야마모토 곤베에가 후계자로 지명되어 내각 조직을 서둘렀다. 2일에는 일본의 최고 권력자가 살해당했다는 이야기가 퍼졌다. 3일 석간에는 「400명의 불령선인/드디어 군대와 충돌/도쿄 방면으로 무리를 이뤄 진행 중/아자부 연대 구원에 나서다」라는 기사가 있다. "요코하마에서 오모리 방면을 향해 불령선인들이 돌진해 보병 1개 소대와 충돌"이라고 보도했다. 같은 석간에는 「불령선인 6명 총살/미토 연대 가와구치정으로 급행하다」는 기사도 보인다.

4일의 조간은 「약 3,000명의 불령선인/오모리 방면에서 도쿄로」라고 보도했다. 요코하마에서 대열을 지어 도쿄로 향하고 있다는 조선인 집단의 수는 석간 발행 이후 반나절 만에 3,000명으로 불어났다. 그 행동을 「방화, 강도, 강간, 약탈/놀라운 불령선인의 폭행」「폭탄과 독약을 소지하다/불령선인의 대집단/2일 밤 어둠을 틈타 시내에 침입」이라고 전하는 기사도 게재되었다. 「은행을 파괴하고/돈을 자동차에 싣고 사라지다」는 제목의 기사는 "2일, 조선인은 간다를 중심으로 화재를 입은 은행을 파괴해 돈을 자동차에 싣고 어딘가로 사라졌다"고 보도했다. 4일 석간에는 「양손에 폭탄을 들었다/2명의 선인 포박당하다/도쿄의 위험을 말로 다 표현할 수 없다」「선인 한 무리/가메아리 부근에서 폭동/사상자 다수 전망」「거의 전멸의 요코하마/간수들이 죄수를 지휘해/2,000명의 불령선인과 싸우다」와 같은 기사가 줄을 이었다. 「모든 도시를 불로 뒤덮으려는 서이 등」이라는 기사는 '우쓰노미야 경유'와 '도쿄 전화'라는 2개의 출처원을 붙여 "불령선인이 대활동을 시작해 우물에 독약을 풀거나 폭탄을 투척해 모든 시가지를 불에 휩싸이게 했다"고 도쿄 전체를 불태우려는 계획이 진행되고 있다며 의심하는 기색도 없이 보도했다. 더욱이 1면의 칼럼 「신문 그날」은 "불령선인의 발호에 대해서는 전문이 상세하지 않아 충분히 진상을 알 수 없다. 하지만 그들의 평소 행동을 보면 있을 법한 일이다. 위급한 경우의 응급수단으로서 어떠한 준열한 방법을 사용해도 문제가 없다. 철저히 궁박窮迫하는 것이 좋겠다"고 말했다.

이런 기사가 전하고 있는 것은, 그리고 사람들이 믿는 유언비어의 중심에 있던 것은 조선인이 집단으로 일본이라는 나라에 싸움을 걸어온다는 구도였다. '불령'이란 '불평을 품고 순종하지 않는다'는 뜻이다. 일본인들 사이에서는 식민지 조선인이 일본에 대해 불평을 품고 있다는 인식이 공유되었을 것이다. 1면 칼럼에서 "있을 법한 일이다"라는 생각은 램지어 교수도 지적한 1919년의 3·1운동 등 일본의 지배에 저항하는 조선인의 활동에 뿌리를 두었을 것이다. 그러나 유언비어는 너무나도 황당무계하다. 당시 조선인 대부분은 각지의 건설 현장 등에서 일하는 노동자였다. 관동지방 전역에 흩어져 있는 사람들을 합치면 1

만 수천 명 정도였다. 그런데 통신도 교통도 두절된 지진의 와중에 조선인이 수천 명 규모의 집단을 조직해 무기나 폭탄을 가지고 습격한다고 많은 일본인이 믿은 것이다. 그리고 그들을 서슴없이 죽인 것이다.

각지에서 빼앗긴 무기

신문에는 일본인의 절박한 심정을 대변하는 기사도 눈에 띈다. 9월 29일《고쿠민신문》에는 「군 총기 사건 판명」이라는 기사가 실렸다.

지난 2일 오후 7시 무렵, 게이오대학의 창고를 파괴하고 격납된 군용 총 1,300정을 빼앗은 사건이 있었다. 시바 헌병 분대와 다카나와 경찰서가 함께 노력해서 범인을 수색 중이었다. 그 주범으로 꼽히는 사람은 시바미타시코쿠정 3정목 4번지, 전기기구 상인 마에카와前川이다. 본인의 말에 따르면, 당일 밤에 시바는 물론 아자부 방면의 이재민이 게이오대학 운동장에 다수 모여들었다. 그러자 경찰관 두 명이 자전거로 달려와 오늘 아침에 폭도 400여 명이 시나가와 방면에서 습격해온다고 말했다. "나는 다수의 피난자를 구조할 목적으로 예전부터 창고 속에 군 총기가 보관돼 있다는 것을 알고 있었다. 긴급할 경우, 교섭할 여유가 없으니 독단으로 창고를 부수고 총을 꺼냈다. 창고에서 들고 나온 총은 청년단에게 배포하고 즉각 경비를 서도록 했다"며 총기 240정을 모아 시바 헌병 분대에 반환했다. 27일에는 게이오대학의 비품 담당 니키仁木에게 임시로 건넸다. 그 사이 어두운 밤을 틈타 운동장에 그냥 둔 것도 많아 다수는 돌아왔지만, 아직 500여 정이 부족하여 수색 중이다.

10월 22일 《호치신문》은 빼앗은 무기를 실제로 사용한 사건을 전한다. 21세와 22세의 남자 두 명이 오사키 경찰서에서 검사의 조사를 받았다. "9월 2일 오후 6시 무렵, 선인 2,000명이 폭탄을 들고 몰려든다는 이야기를 듣고 닛슈대학에서 총검을 약탈해 수십 명의 동지와 함께 에바라군 히라쓰카촌의 37세 재목상을 찌르고 곤봉으로 구타해 죽음에 이르게 했다"고 전했다. 닛슈대학은 릿쇼대학의 전신인 니치렌종 관련 대학이고, 살해당한 재목상은 일본인이었다.

요코하마에서는 중학교 등에서 반출된 군사 교련용 총이 2,000정에 이른다고 들은 적이 있다. '그렇게 많은 총을 누가……'라고 어딘지 모르게 믿기지 않는다는 생각이 들었다. 하지만 이런 기사를 보면 현실감이 달라진다. 유언비어를 듣고 나서 총이 필요하다고 생각하는 사람이 피해 지역 곳곳에 많았다. 그만큼 유언비어가 절박하게 들렸을 것이다.

총을 사용하는 것은 결코 쉬운 일이 아니다. 총검은 단순한 무기로 여겨지지만 예리하고 위험했다. 육군은 국내에서는 총검을 칼날이 없는 상태로 보관하는 것이 원칙이었다. 하지만 외국으로 파병할 때는 칼날을 부착했다. 총을 가져도 경험이 없으면 그것을 제대로 사용할 수가 없었다. 당시는 남성이라면 거의 대부분이 병사가 된 1930년대 이후의 총력전 체제와 사정이 달랐다. 징병검사에 합격하더라도 실제 병역을 경험하는 자는 일부에 한정되었다. 그 경험자인 재향군인이 중심이 되어 조직된 것이 자경단이었다. 더욱이 당시 재향군인 중에는 '불령선인'과의 전쟁을 경험한 사람이 있었다는 점에 주목하지 않을 수 없다.

청일전쟁과 동시에 1894년 시작된 동학농민군과의 싸움을 비롯해 1910년 한국병합을 전후하여 일본의 지배에 저항한 의병의 진압 작전으로 인해, 일본군은 만 단위 수의 조선인을 죽였다. 1919년에는 3·1 운동을 진압하고, 이후에도 일본군은 만주와 시베리아에서 게릴라전을 벌이는 '불령선인'과 '조선인 빨치산'을 상대로 싸웠다. 자경단의 중심이 된 재향군인 중에는 그런 조선 전선에서 귀환한 사람들이 포함되었다. 지진의 혼란 속에서 자경단이 적으로 판단해 찾아 나선 것이 '불령선인'과 '조선인 빨치산'이었다. 이런 사실은 조선 전선과 학살의 깊은 연결 고리를 보여준다. 베트남과 아프가니스탄에서 혹독한 전장을 겪고 심신에 깊은 상처를 입은 귀환병이 미국과 러시아에서는 한때 사회문제가 되었다. 비슷한 체험을 한 일본 병사들이 전혀 아무렇지 않았다고는 생각되지 않는다. 무장한 조선인들이 집단으로 습격한다는 유언비어를 듣고 무기를 찾은 사람들이 많았다는 것은 그런 맥락에서 이해할 수 있지 않을까?

2
귀환병들의 경험

체험을 봉쇄하는 구조

하지만 그런 '재향군인=귀환병'의 전장 체험은 조선인 학살과 연관되어 논의되지 않았다. 왜였을까? 논픽션 작가 호사카 마사야스保阪正康는 병사의 체험을 봉쇄하는 구조가 일본 사회에 있었다고 지적한다. 호사카는 『전장체험자 침묵의 기록戦場体験者 沈黙の記録』에서 다음과 같이 말한다.

전후 일본 사회는 일반 병사가 전장 체험을 말하는 것을 허용하지 않는 암묵적인 분위기를 만들어왔다. 일반 병사들에게 '너희가 경험한 일은 총후銃後의 국민에게 말해서는 안 된다'는 암묵적인 강요가 특히 전우회를 통해 이뤄졌다고 해도 무방하다. 그래서 일반 병사들은 단순히 말을 하지 않을 뿐만 아니라, 말을 하지 않음으로써 종군과는 다른 형태로 국가에 충성을 맹세하는 것이다.

호사카가 예시한 것은 전후의 전우회 조직인데, 그들의 역할로 다음 일곱 가지를 들고 있다.

① 쇼와 육해군의 군사 행동 정당화

② 전사戰史 단일화를 위한 통제

③ 병사 시고가 전쟁터에서의 행위를 치유

④ 전후 사회에서의 인간적 지원 관계

⑤ '영령'에 대한 추모와 공양

⑥ 군인 은급恩級 지급 등의 상호부조

⑦ 선거 시 집표 기관으로서의 역할

호사카는 이와 관련해 취재한 경험을 다음과 같이 말한다.

   병사들은 일상 공간의 생활에서 때로 '비일상 공간의 낯섦'을 느끼고, 때로 자신의 기억 때문에 괴로움에 시달리는 병을 갖고 있다. 같은 체험을 가진 전우회 동료와 방문을 닫고 서로 세세하게 이야기하고 위로하는 것은 심리 치료 요법이 되고 있다. 이 일을 목격했을 때, 나는 오히려 일본 사회의 참혹함을 깨닫게 되었다. 중국 전선에서 종군한 어떤 부대 전우회에서는 잔학 행위를 한 기억에 시달리는 병사 A에게 B는 "너뿐만이 아니야. 우리도 마찬가지야"라고 계속 이야기했다. 그들은 그렇게 서로 위로하고 일상 공간으로 되돌아가는 것이었다.
   잔학 행위를 한 전직 병사와 장교는 그 기억에 평생 시달린다.

아무리 마음속에 숨기려 해도 그것은 죽음의 순간에 다시 떠오를 정도로 강력하다. 전직 병사들의 이 고뇌에 대해 우리 사회가 더욱 잔인하고 정치적으로 다루면서 그들은 이중의 고통을 겪고 있다. 발을 밟은 자는 잊어도 밟힌 자는 결코 잊지 못한다는 말은 완전히 거짓말이다. 발을 밟은 자도 결코 잊을 수 없다.

전후의 전우회는 임의단체였으나, 전쟁 이전의 재향군인회는 육군 조직의 일부였다. 군은 예비역이나 후비역 병사의 통제와 감시를 목적으로 재향군인회를 전국에 설치했다. 전우회보다 더 엄격한 규율과 질서가 유지되었을 것이다.

호사카는 "비일상적인 전장 체험을 말해서는 안 된다는 암묵적인 규칙은 일본의 전쟁관에 기묘한 왜곡을 낳았다"고 지적한다. 이런 식의 왜곡이 똑같이 관동대지진의 학살을 잘 보이지 않게 만드는 것은 아닐까? 이해하기 어려운 것은 오늘날의 우리뿐만이 아니다. 당시 신문에서조차 왜 그렇게 잔인한지 이해할 수 없었다. 그 원인은 바로 거기에 있지 않을까?

신문은 체포된 자경단원들이 자신에게 왜 죄를 묻는지 모르겠다는 반응을 보였다고 전했다. 경찰에게 집합하라는 말을 듣고는 무언가 포상이라도 주려고 하는지 생각했다는 말까지도 보도한다. 자경단원들이 전해 들은 유언비어는 조선이나 대륙에서의 경험에 비추어 볼 때

충분히 있을 수 있는 사태였다. 그러니까 무차별 학살은 전선에서 그들이 '불령선인'에게 일상적으로 되풀이했던 행동이었던 것이 아닐까? 하지만 처참한 전장의 현실은 사회에 알려지지 않았다. 동시대 사람들은 그들의 잔혹함을 이해할 수 없었다. 학살이라는 형태로 폭발하듯 분출된 것은 귀환병들의 잊을 수 없는 생각이나 공포가 아니었을까? 그런 생각이 들 수밖에 없다.

지진 재해 1주년

관동대지진이 발생한 지 1년, 1924년 8월 31일 《요미우리신문》에 「폭동 계획이라니/바보 같은 소문/선인 불온의 소문에/유아사湯浅 내무차관이 말하다」라는 기사가 게재되었다.

지진 재해가 일어난 지 1주년을 맞아 신경이 곤두서 있는 상황이었다. 또 다시 엉뚱한 유언비어가 어디선가 터져 나왔다. 선인들이 지난해 지진으로 박해받은 것에 대한 복수로 이번 1일에 예전부터 계획한 대폭동을 일으킬 것이라고 말한다. 전에도 유언비어의 본가本家였던 요코하마가 제일 먼저 소란을 피우기 시작했고, 여기저기서 자경단이 나서기 시작했다. 5일까지는 지진 당시와 마찬가지로 밤을 새워 조선인의 폭동에 대비한다고 했다. 이후 도쿄에도 점차 흘러들어와 도쿄 또한 곳곳에 그런 소문이 돌고 있다.

이에 대해 유아사 내무차관은 다음과 같이 말했다.

"아직 아무런 보고를 받지 못했는데, 그런 소문을 내는 일은 바보 같은 짓이다. 사상적으로 어떤 사람이 있더라도 실제 위험한 인간은 그렇게 많지 않다. 위험한 짓을 하면 그 몸 또한 위험해진다. 설사 나쁜 자가 있다 하더라도 목숨을 걸고 가볍게 행동하는 자는 없을 것이다. 조선인이라고 해서 다수의 사람에게 폐를 끼치는 일은 하지 않는다. 설령 위험한 인물이 있다고 해도 그런 자에게는 당국에서 그만큼 주의를 기울이고 있다. 이제는 더 이상 자경단이라고 떠들지 않아도 된다. 그런 일을 대비하여 자경단의 역할 따위는 조금도 필요 없다. 딱히 1일에는 새로운 지진이 일어난다는 이야기도 아니다. 당황하지 않고 사정을 잘 생각할 필요가 있다. 만사는 당국에 맡기고 안심하면서 가업에 충실해야 한다."

지진 재해 1년 후에도 '조선인은 위험하다'는 생각이 사회에 퍼졌다는 걸 알려준다. 1년 전 조선인 학살을 불러온 사회적 심정은 전혀 달라지지 않았던 것이다. 1926년에는 미에현 남단의 터널 공사 현장에서 조선인 노동자가 지역 주민에게 습격당해 두 명이 살해되는 사건이 일어났다. '폭탄을 던지고 도주했다'는 식의 유언비어로 산을 샅샅이 수색했다. 이곳에서도 재향군인들은 무리의 중심이었다. 현지인들은 '민중의 방어적 행동'이라고 주장했지만, 연구자들은 그런 생각이 전후에 현지인들이 저술한 책에서도 이어지고 있다고 지적한다. 이처럼 일본 사회의 사고방식의 기본 틀은 전후에도 크게 달라지지 않은 것이 아닌가?

학살 부정론의 정체

관동대지진 당시의 신문 기사를 읽어나가면서 일본 사회를 뒤흔든 대혼란의 기본적인 구도가 떠올랐다. 자경단 등에 의한 조선인 학살은 유언비어라는 가짜 뉴스가 원인이었다. 황당한 유언비어를 믿게 만든 큰 요인은, '불령선인'과 대치하던 조선 전선에서 귀환한 병사들의 억압된 전쟁 체험에 있었으리라는 생각이 들었다.

일본에서는 사회적 약자였던 사람들이 병사로서 '불령선인'과의 싸움의 전선으로 보내져 가혹한 싸움을 강요당했다. 병역을 마치고 고향에 돌아오면 재향군인으로 관리되었다. 쌀 소동에 대한 반성으로 경찰이 자경단을 발족했을 때, 그 중심에 재향군인이 편입되어 들어갔다. 거기에 지진 재해가 발생해 유언비어가 흘러 들어갔다. 그 내용에는 조선 전선에서의 체험을 떠올리게 하는 현장감이 있었다. 어떻게든 몸을 지켜야 한다는 생각에 무기를 찾고, 망설임 없이 조선인을 죽인 게 아니었을까? 지진 재해가 닥치자 자경단에는 많은 지역 주민이 참가했다. 그 수는 재향군인보다도 많았을 것이다. 그런 점을 파악한 정부는, 자경단이 지진 재해 직후에 돌연 탄생한 것으로 만들어 책임을 떠넘기려고 했다. 하지만 반발이 강했다.

　결과적으로 수천 명을 학살하는 심각한 사태가 일어났다. 이를 전혀 없었던 일로는 할 수 없었다. 그래서 책임지지 않고 사태를 처리하고자 지배 권력이 생각해낸 방법은 사실을 모호하게 만들기 위해 새로운 가짜 뉴스를 유포하는 것이었다. 그렇게 만들어진 거짓 현실은 많은 일본인에게 기분 좋은 세계이며, 그 세계에 일본 사회는 조선인 학살 사건을 몰아넣고 가능한 한 건드리지 않도록 조종하면서 오늘날에 이르렀다고 할 수 있을 것이다.

　가짜 뉴스에 휘둘린 당시 미디어의 주역이었던 신문은 대혼란에 빠졌다. 지금에 이르러 기사를 읽은 것만으로는 무엇이 사실이었는지, 무엇 때문에 그런 사태가 빚어졌는지 잘 드러나지 않는다. 동시에 너무나 잔인했던 그런 일이 있었다는 사실조차 일본 사회는 어느덧 믿을 수 없게 되었고 믿고 싶지 않게 되었다. 숨겨진 사실을 파헤치는 작업이나 참극의 사실을 이야기하며 전하려는 움직임은 시민 차원에서 꾸준히 이어졌지만, 사회 속으로 깊이 침투하는 데는 이르지 못했다. 그리고 최근 한국과의 관계가 악화되면서 일본을 비판하는 목소리가 높아졌다. '학살이란 나치나 폴 포트의 소행이지 법치국가인 일본에서는 있을 수 없는 일' '수천 명을 죽였다는 주장은 일본인에 대한 헤이트다'라는 주장과 함께 반발과 혐오감을 품는 사람이 늘어 '학살 부정'론을 주장하는 책이 출간되기에 이르렀다.

그런 경위 끝에 램지어 교수의 논문이 등장했다. 기본적인 틀은 지진 재해 직후의 흑룡회와도 통하는 바가 있다. 그 주장은 새로운 것이 아니다. 일본 사회에 복류하던 생각을 끌어낸 측면마저 느끼게 한다. '학살 부정'론의 정체란 모호한 채로 있는 것이 '기분 좋다'는 아마 일본 사회의 모습 그 자체일 것이다. 그렇게 생각할 수밖에 없다.

맺음말

관동대지진의 조선인 학살을 생각할 때 크게 두 가지의 의문점이 있었다. 하나는 황당무계하다고밖에 말할 수 없는 유언비어를 사람들은 왜 믿었을까? 다른 하나는 아무 망설임 없이 사람을 죽인 이유는 무엇이었을까? 지금은 알 수 없는 당시의 사회적인 배경이 있었을 것이다. 나는 메이지 이후 일본과 한반도의 관계를 조사한 바 있다. 가장 먼저 떠오르는 것은 일본군이 한반도에서 망설임 없이 조선인들을 학살했다는 수많은 역사적 사실이다. 오늘날 일본인의 시야에서 사라지고 있는 그런 사실들을 정리하여, 나는 2021년 4월에 『한국과 일본, 역사 인식의 간극』이라는 책을 출간했다. 램지어 교수의 논문을 접한 것은, 이 작업이 마무리된 시점이었다.

역사란 별자리를 닮았다. 별자리는 점과 점을 이어 형상을 그리는데, 전갈이든 오리온이든 물병이든 그것의 원래 모습을 알아야 별자리 형상이 떠오른다. 다시 말해, 우리는 익히 알고 있는 그림에 맞춰 별자리 형상을 떠올리는 것이다. 램지어 교수의 논문을 검토하기 위해 상당한 양의 신문 기사를 모아 읽었다. 나는 나름대로 당시의 사정을 알고 있다고 생각했는데, 작업을 통해 깨달은 것은 그동안 내가 몰랐던 사실이 너무 많다는 것이었다. 유언비어란 어떤 것인가? 학살이란 어떤 사태였는가? 당시의 기억이나 경험이 일본 사회에 제대로 전해지지 않았다는 걸 다시 한 번 통감했다. 이래서는 점과 점이 연결되지 않는다. 선명한 형상이 드러날 리 없다.

그런 생각과 함께 매일매일 보도되는 뉴스들이 마음에 걸렸다. 2021년 초 미국 워싱턴에서 벌어진 국회의사당 점거 폭동 사건은 할 말을 잃게 할 정도였다. 가짜 뉴스라는 말은 트럼프 대통령이 당선된 후 2017년 미국에서 가장 자주 듣는 말 중 하나였다. 트럼프를 비판한다거나 트럼프에게 불편한 정보는 기본적으로 모두 가짜 뉴스가 되어버린다는 인상을 받았다. 반면, 트럼프의 발언에는 가짜 뉴스로밖에 생각되지 않는 것들이 많았다. 그러나 정작 트럼프 본인은 개의치 않았다. 국회의사당 점거 폭동 사건도 트럼프가 무책임하게 쏟아낸 가짜 뉴스들의 결과처럼 보여, 왠지 서늘한 느낌이 들었다. 게다가 이후의 전개는 더욱 할 말을 잃게 만들었다. 음모론으로 보이는 가짜 뉴스를 믿는 폭도의 상당수는 자신들이 나쁜 짓을 했다는 의식이 거의 없는 듯했다. 그리고 이 사건의 진상이나 책임 소재는 전혀 밝혀지지 않았다. 거침없는 트럼프는 미국 사회에서 막강한 영향력을 계속 유지해 나갔다. 특정한 집단에 힘을 실어주는 가짜 뉴스는 단순한 거짓말이 아님을 깨달았다. 많은 사람이 있는 그대로 믿어버리는 거짓말이다. 어떤 사회나 사람들 심성에는 설령 거짓말이라도 마음속으로 믿고 싶은 거짓말이 있을지도 모른다.

그런 생각을 품자 관동대지진이 조금 다른 모습으로 보였다. 유언비어는 일종의 가짜 뉴스다. 이를 보도한 신문 기사도 가짜 뉴스였다. 무엇보다 정부의 대응과 조치 자체가 가짜 뉴스였다. 미국의 점거 폭동 사건보다도 훨씬 더 큰 규모였고, 훨씬 광범위했으며, 그리고 훨씬 파괴적으로 일어났던 가짜 뉴스의 폭발이었다. 바로 그것이 관동대지진의 조선인 학살이었다고 생각할 수밖에 없다.

연이어 할 말을 잃게 만드는 광경을 또 보게 되었다. 미얀마 군사 정권의 뉴스였다. 무엇보다 충격을 받은 것은 서슴없이 민중들을 향해 무기를 휘두르는 병사들의 모습이었다. 그 영상을 반복해서 보다가, 몇 년 전 취재에서 만난 나이 많은 목사님의 이야기가 떠올랐다. 일본에서 추방당해 이주한 필리핀에서 일본군에 잡혀 죽임을 당한 미국인 선교사 부부의 삶에 대한 이야기였다. 그들은 살해당할 이유가 전혀 없었다. 너무나 부조리하고 잔인했던 선교사 부부의 최후를 듣고 나서 내가 당황하는 것을 깨달았는지 목사님은 이렇게 말해줬다. "전쟁이 과연 어떤 것인지 오늘날 일본 사회는 알 수 없게 된 것이 아닐까요?" 그가 신앙의 길을 걷게 된 것은, 학도군으로 동원된 중국 전선에서의 가혹한 체험이었다면서 목사님은 다음과 같이 말했다. "망설임 없이 사람을 죽일 수 있도록 개조된 인간, 그것이 바로 병사입니다." 나보다 서른 살 이상이나 나이가 많은 목사님은 백발이지만 고작 환갑을 넘긴 나를 타이르듯이 말했다.

미얀마의 영상이 목사님의 말과 겹쳐 다시 관동대지진으로 이어졌다. 그와 같은 광경이 100년 전 이 일본 땅에서도 발생한 것이다. 워싱턴이 혼란이라는 점点, 그리고 미얀마의 참극이라는 점이 100년이라는 시공간을 넘어 관동대지진이라는 점과 연결되었다. 학살 광경이 내 안에서 처음으로 구체적인 형상으로 드러나는 듯했다.

조선인 학살을 집단적 정신이상이 일으킨 해프닝이라고는 도저히 생각할 수 없다. 사회에 내재된 모순이 분출된 것이었다. 하지만 일본인들은 그런 사실을 따지지 않고 없던 일처럼 잊어버리기를 원했다. 그 결과, 당시 무슨 일이 있었는지, 왜 그런 사태가 야기됐는지를 이제는 상상할 수 없게 된 것이다. 그런 기억의 틈새를 찌르듯, 사회 곳곳에서 학살 부정론이 나오고 있다. 그랬으면 하는 일본인의 심정을 향해 쏟아지는 새로운 가짜 뉴스라고 해도 좋을 것이다.

그런 사태를 어떻게 파악하는가는 사람마다 다르다. 오늘날 일본 사회는 권력자의 입에서 나오는 가짜 뉴스로 넘쳐난다. 국회에서 거듭된 거짓 발언조차 크게 나무라는 기색이 없다. 또한 권력자에게 순종하고, 풍파를 일으키는 것도 좋아하지 않는다. 일본 사회는 그것이 분란을 일으킬 소지가 있는 것이라면, 100년 전에 무슨 일이 있었는지 생각하는 것 따위는 중요하지 않다는 입장인 듯하다. 하지만 나는 그렇게 생각하지 않는다. 이대로 방치하면 안 된다.

나는 무엇을 할 수 있을지 골똘히 생각했다. 이건 나 혼자만의 생각이 아닐 것이다. 2023년은 관동대지진 100주년이 되는 해다. 이에 맞춰 전국의 신문기자들이 각 지역에서 무슨 일이 있었는지를 알아보면 어떨까? 과거의 신문 기사를 점검하고, 여러 제약이 있었기 때문에 선배 기자가 하지 못한 당시 보도 총괄을 시도하면 어떨까? 그렇게 한다면 선배 기자가 어렵게 쓴 기사가 학살 부정론에 이용되는 일이 사라질 뿐 아니라, 분명 다른 많은 것이 보일 것이다.

수많은 신문 기사를 읽는 작업을 진행하면서 나 자신이 그 입장에 섰다면 어떻게 했을지 거듭 생각했다. 나는 40년간 기자 생활을 하면서 지진 취재도 경험했다. 잊을 수 없는 사건은 아오모리에서 데스크(지국 차장)로서 근무하다가 조우한 1994년의 산리쿠하루카오키 지진이었다.

12월 28일의 일이었다. 지진 발생은 오후 9시 19분이어서 마지막 인쇄를 넘기기까지 시간적 여유도 없었다. 현지에서 배포하는 신문에 이 기사를 빼놓는다는 것은 허용되지 않았다. 하지만 몇몇 기자는 이미 설 연휴여서 자리에 없었다. (20일 정도 후에 한신아와지 대지진이 발생하여 완전히 잊힌 존재가 되어버렸다.) 산리쿠하루카오키 지진은 매그니튜드 7.6으로 사망자 3명, 부상자 784명, 전파 72동, 반파 49동의 피해가 발생했다. 피해는 진도 6을 기록한 하치노헤에 집중되었다. 기자 한 명이 근무하는 하치노헤 지국은 피해를 입어 정전이

되고 기능부전 상태였다. 그러던 중 하치노헤에서 파친코 가게가 무너져 생매장된 사람이 있다는 소식이 전해졌다. 그게 사실이라면 도쿄에서 나오는 최종판에라도 사진이 필요했다. 아오모리에서 하치노헤까지는 거의 100킬로미터다. 기자 중에서 1년 차 노무라 슈野村周와 2년 차 우카이 히로시鵜飼啓에게 하치노헤행을 명령했다. 겨울의 아오모리, 그것도 야간 운전이지만 나는 "가능한 한 빨리 현장으로 가라"고 명령했다. 추웠지만 눈은 내리지 않았던 것으로 기억한다.

하치노헤에는 대잠초계기를 운용하는 해상 자위대의 항공 기지가 있다. 도쿄에서 날아온 자사 비행기가 그곳에 착륙해 대기하면서 젊은 두 기자가 막 찍은 필름을 실어 날랐다. 활주로 주변의 눈을 모아 현상하고 비행기 안에서 사진을 전송했다. 현지에서는 보도되지 않을 지면에 싣는 한 장의 사진이었지만 꼭 보내야 할 막강한 책임감을 나는 품고 있었다. 인터넷 사이트와 SNS에 정보가 넘쳐나는 오늘날의 상황에서 볼 때 이해할 수 없는 행동처럼 여겨질 수 있다. 신문기자란 그런 것이었다. 비상시야말로 최신 정보를 전달하지 않으면 안 되고, 하물며 타사에 지는 것은 절대로 허용되지 않는다. 기괴하게 보일지 모르겠지만, 데스크였던 나도 젊은 기자도 생각은 같았을 것이다.

관동대지진의 혼란 속에서 오사카를 목표로 하라고 명령한 편집 간부도, 그것을 실행한 젊은 기자들도 심정은 같았을 것으로 생각한다. 그 기자의 이름을 일일이 사사에 적으려는 생각도 이해할 수 있다.

대단히 고생했을 것이다. 그리고 그들은 위험을 극복하고 임무를 확실히 수행했다.

그날 하치노헤로 급히 달려간 두 사람은 훌륭한 기자로 성장했지만, 그날 밤의 일은 이후 몇 번이나 회자됐다. "교통 신호를 보고 멈추지 말라는 명령을 받았기 때문에 어쨌든 하치노헤까지 내달렸습니다." 아마 나는 그렇게 명령했을 것이다. 무책임하다고 비난받아도 어쩔 수 없지만, 이 점에 대해 사실 나는 기억이 없다. 정신이 없었다. 오전 3시 정도까지 아오모리에서의 일을 끝내고 나는 하치노헤로 향했다. 현지 상황을 봐야겠다는 생각도 들었지만, 그 이상으로 해야 할 일이 많았다. 본사에서 지원 기자를 파견하겠다는 연락을 받았다. 하지만 하치노헤 지국은 사용할 수 없어 지원을 받아들이기 위해서도 취재 본부를 어딘가에 설치해야만 했다.

하치노헤로 가는 길은 곳곳에서 도로가 끊기고 균열이 생겨 주의를 기울이지 않으면 큰 사고가 날 수도 있었다. 멈출 것도 없이 교통 신호는 거의 꺼져 있었다. 일출 무렵 도착했는데, 하치노헤 시청 청사가 붕괴되어 있었던 것이 강한 기억으로 남아 있다. 전기와 전화, 수도를 이용할 수 있는 숙박 시설을 찾아야 했다. 거의 모든 곳이 단수 상태였다. 여관과 호텔을 돌며 비상용으로 우물을 갖춘 비즈니스호텔을 찾아 1층 레스토랑을 빌려 취재 본부를 꾸렸다. 휴대전화는 아직 보급되지 않았기 때문에 전화의 임시회선을 끌어와 팩스를 대여해 사용했고, 지원 기자에게 취재 지시를 하면서 전국용과 현지용의 원고를 정리해갔다. 그렇게 한숨도 못 자고 이틀을 보냈다.

관동대지진의 기사와 기록을 읽으면서 과거의 그런 경험이 되살아났다. 재해 시의 신문 만들기는 줄타기와 같은 것이었다. 체력과 기력의 한계에 맞닥뜨리는 도전 같은 것이었다. 관동대지진은 규모가 훨씬 컸고 통신이나 교통의 사정도 달랐다. 취재를 하는 데도, 기사를 보내는 데도, 신문을 발행하는 데도 어려움이 더 컸을 것이다. 그래도 당시 신문인들은 기죽지 않고 용감하게 사태에 맞섰던 것 같다.

오보는 분명 많았다. 유언비어를 확산시켜 학살의 원인이 되었다는 비판도 거셌다. 분명 그렇다. 하지만 그 자리에 내가 있었더라도 그런 오보를 피할 수 있었을 것 같지는 않다. 그러나 안타까웠던 것은, 왜 그런 유언비어를 믿고 참극이 야기되었는지에 대한 보도가 세밀하게 이뤄지지 못한 점이다. 정부의 언론 대책으로 진위를 제대로 판단할 수 없는 상태에 빠졌고, 기사를 수정할 수 없었던 상황이 컸을 것이다. 당사자들이 세상을 떠나자 엄청난 오보와 모호하고 괴상한 기록, 그리고 아련한 기억만이 남겨졌다.

예전에 신문이라는 미디어가 있었다고 말하는 날이 머지않아 올 것이다. 그런 환경의 큰 변화는, 앞으로 미래 세대가 당시에 실제로 무슨 일이 있었는지 파악하기 쉽지 않게 할 것이다. 휴대전화가 등장하기도 전에 기자 생활을 시작한 나는 낡은 시대의 신문 만들기를 아는 마지막 세대일지도 모른다. 그 경험과 지식이 다소나마 도움이 되었으면 좋겠다.

'램지어 망언'과 관동대지진 조선인 학살

'램지어 망언'이 의미하는 것

하버드대학 로스쿨의 존 마크 램지어의 주장이 파장을 일으켰다. 램지어는 '태평양 전쟁의 성매매 계약Contracting for sex in the Pacific War'이라는 제목의 논문을 국제 학술지 《국제법경제리뷰 International Review of Law and Economics》에 기고했다. 위안부 피해자들이 계약에 의한 자발적 성노동자였으며, 위안부의 행위는 성노예나 전쟁 범죄가 아니라 매춘이라고 강변했다. 우리의 역사 인식을 무시한 상식 밖의 궤변이다. 이는 역사를 부정하려는 일본 네오 내셔널리즘과 한국의 뉴라이트 역사관을 여과 없이 표출한 것이기도 하다.

한일 양국의 역사 전쟁이 램지어라는 일본의 어용 대리인을 통해 또다시 확산되는 형국이다. '램지어 망언'에 대한 비판과 논문 철회를 둘러싼 국제적 논의도 다양하다. 그의 주장을 적극 옹호하며 '학문의 자유를 존중해야 한다'고 강변하는 한국의 '반일 종족주의' 필진도 본색을 드러냈다. 일본의 우익도 우회적으로 '램지어 망언'을 옹호하고 나섰다.

램지어의 주장에는 치명적인 오류가 많다. 그는 역사적 사실관계에 비추어 자의적인 해석으로 일관한다. 무엇보다 램지어는 논문에서 당시 위안부들이 작성했다는 계약서를 제시하지 못한다. 램지어의 경력에도 의심스러운 부분이 많다. 그는 다양한 경로로 일본 정부와 단체로부터 경제적 지원을 받았다. 2018년에는 일본 정부로부터 국가 훈장인 욱일중수장旭日中綬章도 수여받았다. 또 램지어의 하버드대학 교수직 공식 명칭은 미쓰비시 그룹이 하버드에 연구 기금을 조성하고 나서 만들어진 자리인, '미쓰비시 교수Mitsubishi Professor of Japanese Legal Studies'로 되어 있다. 그는 일본의 국가주의와 배외주의 입장을 옹호하면서 일본의 주장을 서구에 전파하는 메신저 역할을 하고 있다.

램지어의 왜곡된 역사 인식은 위안부 피해자에 그치지 않는다. 올해로 100주년을 맞는 1923년 관동대지진 당시, 일본 정부, 경찰, 군대와 군중에 의해 유포된 유언비어의 영향으로 계엄령 아래 6,000여 명의 조선인이 학살된 사건에 대해서도 왜곡된 주장을 펼치고 있다. 램지어의 논문을 살펴보면, 일본 정부의 개입과 자경단에 의한 집단 학살의 정황을 전면 무시하고, 혼란을 틈타 조선인들이 습격한다거나 우물에 독을 탄다는 유언비어를 사실처럼 강조한다. 그는 "중요한 것은 학살 여부가 아니라 조선인이 얼마나 광범위하게 범죄를 저질렀고, 실제 자경단이 죽인 조선인이 얼마나 되느냐는 것"이라고 주장했다. 조선인 희생자 6,000여 명은 과장된 것이고, 설령 자경단이 조선인을 살해했더라도 이는 정당한 방어 행위였다고 강변한다. 그에게 중요한 것은 '조선인 학살이 일어났는지' 여부가 아니라, '조선인이 얼마나 광범위하게 범죄를 저질렀는지'다.

'램지어 망언'에 대응하기 위해서는 '망각하려는 세력'에 대항하기 위한 장치가 필요하다. 특히 100년 전의 관동대지진을 기억하는 일은 '조선인이 학살당했다'는 피해만을 강조하려는 것이 아니다. 일본 군대와 경찰, 자경단의 야만을 새삼스럽게 폭로하려는 의도도 아니다. 이른바 반일 감정에 바탕을 둔 과도한 민족주의에 동조하기 위한 것 또한 아니다. 한일 양국이 역사적 진실을 공유하고 부조리한 과거를 거울삼아 평화 체제를 구축하는 일이 역사학 본연의 임무이기 때문이다. 조선인 학살 문제는 근대 이후 제국과 식민지라는 부조리한 한일 양국의 과거사의 모순을 잘 드러낸다. 역사적 진실을 제대로 밝히는 작업이 무엇보다 중요하다.

한국 사회에 대한 경종도 필요하다. 관동대지진 당시의 조선인 학살에 대한 한국 사회의 대응과 인식도 문제다. 물론 한국 사회 저변에는 교과서 기술과 미디어 보도 등을 통해 학살의 역사적 진실이 비교적 잘 알려져 있다. 관동대지진 당시의 조선인 학살은 일본의 야만성을 상징하는 사건으로 기억된다. 그러나 문제는 조선인 학살이 어렴풋한 기억으로 머물고 있다는 점이다. 해방 이후 한국 정부는 일본 사회에 조선인 학살을 둘러싼 진상과 책임 소재 규명을 제대로 표출하지 않았다. 관동대지진 문제는 군대 위안부와 강제 동원 피해에 비해 상대적으로 주목받지 못했다. 한국 역사학계에서 조선인 학살을 다루는 연구자가 소수에 불과하다는 사실도 이를 잘 말해준다.

관동대지진의 조선인 학살 문제의 역사적 진실은 해결되지 못한 채 여전히 진행 중이다. '램지어 망언'은 지금도 진실이 온전히 밝혀지지 않았다는 사실을, 이 문제에 좀 더 천착해야 한다는 새로운 과제를 우리에게 던진다. 학살당한 조선인의 외침에 대해 이제 한국 사회가 응답할 차례다. 조선인 학살 100년의 진정한 역사적 의미를 재음미하고 새롭게 출발해야 할 시점이다.

1923년 9월 1일의 기억 방식

관동대지진은 1923년 9월 1일 오전 11시 58분, 관동지방 남부에서 발생했다. 그 규모는 M 7.9, 진원은 사가미만 서북부(동경 139.3도, 북위 35.2도)로 계측되었다. 지진은 오다하라와 네부카와 방면이 가장 격렬했지만, 도쿄와 요코하마에서는 지진에 의한 화재가 겹쳐 최대의 피해를 입었다. 도쿄는 3일 아침까지 지진으로 인해 발생한 화재가 계속되었다. 지진에 의한 피해는 사망자 99,331명, 부상자 103,733명, 행방불명 43,746명, 가옥 전파 128,266호, 가옥 반파 126,233호, 소실 가옥 447,128호, 유실 가옥 868호이며, 이재민은 약 340만 명에 달했다.

현재 일본에서는 9월 1일을 '방재의 날'로 지정해, 이날이 가까워지면 언론계와 행정기관은 각 가정에 피난 용구, 긴급 식량의 준비와 점검을 홍보한다. 이날을 맞이해 일본은 재해에 어떻게 대응할 것인가에 대한 역사의 교훈을 되새긴다. 그러나 이날을 이런 자연재해의 공포를 상기하는 날로만 지낼 수 없다. 이날은 지진과 화재의 공포보다 밝은 대낮에 공공연한 장소에서 무차별적인 살인이 일어난 날이었다. 지진과 화재에 의한 극심한 혼란 속에서 조선인이 폭동을 일으켰다는 유언비어가 어디에선가 흘러나와 계엄령이 발포되었으며 이후 조직적이고, 계획적인 조선인 대량 학살이 자행된 인재의 날이었다.

1923년 9월 1일은 그동안 어떻게 기억되었을까? 지금까지 관동대지진 조선인 학살 연구는 학살의 실태와 그 배경을 밝히는 데 초점을 맞추었다. 기존 연구의 특징 가운데 하나는 재일조선인 연구자를 중심으로 연구가 이루어졌다는 점과 '관동대지진 ○○주년'처럼 기념할 만한 시점마다 연구가 집중적으로 이루어졌다는 점이다. 조선인 학살 연구가 본격적으로 시작된 것은 40주년을 맞이한 1963년 무렵이었다. 자료집 간행을 계기로 관련 연구도 본격적으로 이루어졌다. 주축이 된 연구자는 관련 자료를 편찬한 재일한국인 사학자 강덕상이었다. 강덕상은 일련의 논문과 저서를 통해 유언비어의 진원지와 학살의 진상을 밝히는 데 기여했다. 연구의 진전과 함께 유언비어의 발생 원인을 둘러싼 논쟁도 이루어졌다. 논쟁은 유언비어의 '자연 발생설'과 '의도적 날조설'로 구별된다. 조선인 대한 차별과 멸시를 스스로 체화한 일반 민중이 유언비어에 편승하기도 했다는 점과 그 배후인 관헌의 존재가 드러났다. 조선인의 체험담과 목격자의 증언을 기록하는 활동도 본격적으로 이루어졌다. 학살을 경험한 일본인들의 증언과 자경단 사건의 실상 등이 밝혀졌다.

관련 연구의 진전과 더불어 관동대지진 조선인 학살을 이른바 '3대 테러 사건'의 하나로 바라보려는 시각을 둘러싼 논쟁도 촉발되었다. 이 논쟁은 시오다 쇼베에塩田庄兵衛와 이마이 세이이치今井清一가 조선인 학살을 가메이도 사건亀戸事件, 아마카스 사건甘粕事件과 동일한 위치에 놓는 것에 대한 강덕상의 비판에서 비롯되었다. 이 논쟁은 조선인 학살 문제의 본질을 잘 드러낸다. 물론 여기에는 중국인 학살 문제와도 연관되어 논쟁의 여지는 여전히 남아 있지만, 강덕상의 주장을 소개하면 다음과 같다.

관동대지진 당시 발생한 3대 학살 사건, 또는 다하라 히로시田原洋가 주장하는 4대 학살 사건을 병렬시켜 생각하는 것은 옳지 못하다. 조선인 학살 사건은 민족 문제라는 것을 강조하고 싶다. 일본사에서는 관동대지진의 조선인 사건, 가메이도 사건, 오스기 사건을 병렬하여 3대 테러 사건이라고 부르는 사람들이 많다. 또 일본인 사이에는 동북 지방 사투리를 쓰는 사람이 죽었다, 또는 중국인이 죽었다, 오키나와인이 죽었다는 사실을 강조하여 일본의 대외 관계 또는 아시아인 차별의 문제로서 이런 사건을 배외주의 일반으로 확대 해석하려는 경향이 있다. 그러나 나는 이에 반대한다. 이는 시야를 역사적으로 확장시키는 일이 아니다. 하나하나의 사건은 그 본질이 다르다. 조선인 사건을 다른 사건과 병립시키는 것은 역사적인 의의와 사실을 손상시키고 관헌의 은폐 공작과한 축을 이루는 것이라고 말해도 좋다. (…) 마지막으로 다시 한번 강조하고 싶다. 오스기 사건, 가메이도 사건은 관헌에 의한 권력 범죄, 밀실 범죄, 일본 민족 내부의 계급 문제다. 이에 반해 조선인 사건은 관민이 일체가 된, 더욱이 일반 민중이 가담한 민족 범죄다. 그리고 일본인의 일부, 중국인, 오키나와인의 문제는 일본과조선과의 모순에 의해 일어난 파생적인 일로, 지금까지도 계속되는 일본의 배외 내셔널리즘에 의해 희생된 사건이었다. 이것들을결코 동일하게 논해서는 안 된다.

관동대지진의 여파로 발생한 조선인 학살은 명백한 제노사이드 genocide였다. 강덕상은 조선인 학살의 성격을 명료하게 지적했다. 즉, "조선인 학살은 일본 관민 일체의 범죄이고, 민중이 동원되어 직접 학살에 가담한 민족적 범죄이자 국제 문제"라며, 다른 사건들과의 차별성을 명확하게 밝혀야 한다고 강조했다. 또 강덕상은 관동대지진 당시 왜 계엄령이 공포되고 군대가 출동했는지의 문제를 생각해야 한다며, 계엄 행위를 조선의 민족 해방 투쟁사와 분리해서는 안 된다는 점이 가장 중요하다고 여러 차례 강조했다. 조선인 학살은 계엄령 아래 자행되었다는 점을 잊어서는 안 된다는 시각을 제시한 것이다.

조선인 학살 문제는 일본 제국주의의 식민지 지배 문제를 떠나서는 이해할 수 없으며, 동시에 조선 민중의 해방 투쟁과 분리하고서는 그 역사적 자리매김이 어렵다. 학살과 식민지 지배, 민족 해방 투쟁의 고양은 명확한 인과관계로 엮여 있다. 관동대지진 조선인 학살 사건은, 1905년 이후의 식민지 지배와 이를 유지하려는 일본 민중이 강력한 적, 즉 조선 민중을 두려워한 것에서 발생한 집단 살인이고 민족 범죄였다. 한일 간의 부조리한 관계 속에서 필연적으로 돌출한 또 하나의 잔혹한 사건이었다.

특히 강덕상은 계엄령 발포에 주목했다. 계엄령이란 내란 또는 전쟁 때 발령되는 것이다. 강덕상은 '왜 지진이라는 자연재해에 계엄령이 발령되었고, 내란을 일으킨 자는 누구인가'라는 질문을 던진다. 이에 대해 강덕상은 '계엄령은 조선인에 대한 선전포고'라며 조선인 학살 문제의 본질을 다음과 같이 말한다.

관동대지진 당시 왜 계엄령이 내려졌는지를 생각할 때, 학살 사건의 전제로서 30년에 걸친 전사戰史, 즉 갑오 농민군과의 전쟁 그리고 러일 전쟁 이후 일본의 강점에 반대하여 전국을 선혈로 물들였던 7년에 걸친 의병 전쟁을 언급하지 않을 수 없다. 일본은 이런 전쟁을 체험하면서 조선에 대한 '적시敵視' 사상을 형성해왔다. (…) 관동대지진 당시의 학살은 우연히 일어난 조선 민족의 비극이 아니다. 조선 민족 해방 투쟁의 국제화를 배경으로 하는 침략과 저항이 만들어낸 민족 대결이다. 이것이 '위법'적인 계엄령 발포의 진상이다. 계엄령은 조선인에 대한 몰살 선언과도 같다. 관동대지진 조선인 학살 문제는 1923년에 일어난 사건으로만 한정하면 안 된다. 그 이전부터 조선을 지배하기 위해 벌인 일본의 선전포고 없는 한일 간의 전쟁이다. 갑오농민전쟁과 의병 전쟁의 연속 과정에서 이루어진 학살이었다.

강덕상의 관동대지진 조선인 학살 연구는 관련 연구의 방향성을 가늠할 수 있는 기념비적 업적이다. 하지만 조선인 학살 문제는 그동안 많은 연구 성과에도 불구하고 여전히 해명해야 할 영역이 많다. 무엇보다 희생자에 대한 조사 연구는 아직 충분하다고 할 수 없다. 정확한 희생자 통계도 불분명하다. 안타깝게도 일본에서는 지금까지 일본 정부가 조선인 희생자를 조사한 자료는 발견되지 않았다. 앞으로 동아시아라는 화두에 편승해 학살을 둘러싼 한·중·일 공동 심포지엄 등이 자주 열릴 듯하다. 관동대지진이라는 동일 시간과 장소에서 발생한 학살이었기 때문에 중국인을 포함한 연구 시야의 확장이라는 측면에서는 환영할 일이다. 조선인과 중국인 학살의 공통점과 차이점 등을 규명하면 학살의 전체상을 파악할 수 있을 것이다. 그러나 이런 연구 경향은 강덕상이 강조한 '사건의 본질'을 충분히 인식한 위에서 이루어질 필요가 있다. 조선인 학살 문제는 일본인과 중국인 학살 문제와 달리 식민지 지배의 문제와 결코 분리될 수 없기 때문이다.

학살 사실의 망각, 그리고 다시 기억하기

일본에서는 역사 부정론이 급격히 확산되고 있다. 최근에는 위안부 연구자를 비롯해 제국 일본이 자행한 부조리를 지적하는 양심 세력에 대한 위협이 가해지는 상황이다. 역사 부정론은 관동대지진 조선인 학살 문제에 대해서도 마찬가지로 작동된다. 그들은 관동대지진 당시 6,000여 명이라는 조선인 희생자는 과장된 것이고, 설령 조선인이 살해당했다 해도 이는 정당한 방어 행위였다고 강변한다. '램지어 망언'은 그 연장선 중 일부에 지나지 않는다.

역사 부정론의 대표적인 사례는 '넷우익'의 헤이트스피치와 도쿄도지사 고이케 유리코의 조선인 희생자에 대한 추도사 송부 거부 사태다. 이런 움직임은 관동대지진에만 국한된 것이 아니다. 식민지 지배 전체를 부정하는 네오 내셔널리즘과 밀접히 관련되어 있다. 혐한과 배외주의 운동은 일부 계층의 일탈 행위로만 간주할 수 없다. 넷우익의 선전에 따라 역사 부정론에 암묵적으로 동조하는 일반 시민이 증가하고 있기 때문이다.

조선인 학살에 대한 반성과 추모에 대한 반발도 같은 맥락이다. 이런 경향을 이해하려면 1990년대 이후 일본 사회에서 대두한 역사수정주의의 움직임과 넷우익과의 관련성을 살펴보아야 한다. 1990년대 이후의 사회경제적 위기감이 팽배해진 상황을 틈타 일본에서는 역사수정주의가 전면에 대두되었다. 이들은 교과서가 근현대사 부분에서 일본의 제국주의적 침략과 식민지 지배, 전쟁 책임 문제 등을 과도하게 강조하여 전체적으로 일본의 '어두운' 면만을 부각시키고 있다고 비판했다. 조선인 학살 문제는 당연히 일본의 치부를 드러내는 것으로 받아들여졌다. 또 이들은 인터넷 매체를 통해 침략 전쟁을 미화하고 국가에 대한 일본식 '애국심'을 강요하며, 국가를 위해 목숨까지도 버릴 수 있는 '국민 만들기'로 지지층을 확대하는 중이다.

이들의 주장은 기존 우익 인사들만이 아니라 전쟁을 경험하지 못한 전후 세대의 역사 인식에 직접 영향을 미쳐 넷우익을 양산한다는 데 문제의 심각성이 있다. 요컨대 1990년대에 대두한 교과서 문제를 둘러싼 역사수정주의는 혐한·배외주의 운동의 원류라 말할 수 있다. 역사수정주의는 지식인 계층이 주도하는 시민운동이고 넷우익은 인터넷을 중심으로 한 운동이라는 점에서 차이가 있지만, 일본 사회에서 전개된 1990년대 이후의 변화 양상을 반영한다는 측면에서는 근원적으로 상통한다.

관동대지진에 대한 역사수정주의의 논리는 관동대지진 당시 6,000여 명의 조선인 학살은 없었고 따라서 추도식에 추도사를 보낼 수 없다는 것으로 표출되었다. 추도식은 한일 양국의 시민들에 의한 학살에 대한 반성과 추모의 상징으로, 조선인 학살의 역사를 교훈 삼아 아시아의 평화를 구축하자는 의미를 지닌다. 그러나 고이케 도쿄도지사는 2017년부터 '관동대지진 조선인 희생자 추도식'에 추도사를 보내는 것을 거부했다.

자경단에 의해 6,000여 명이 살해됐다는 추모비는 잘못된 것이고 일본인 또한 나쁘지 않다는 것이 그들이 주장하는 역사적 '진실'이다. 우익 단체는 조선인 희생자 추도식을 방해할 목적으로 추도식과 같은 날 같은 시간에 위령제를 개최했다. 집회에는 "6,000명이라는 거짓말에 우호는 없고 사과는 필요하지 않다"는 선전 간판도 세웠다. 관동대지진 당시 조선인의 '불령 행위'에 자경단이 정당하게 방어한 것이라고 외친다. 가해자가 피해자로 둔갑한 것이다.

일본의 혐한론과 배외주의 운동은 한국만이 아니라 아시아 주변국과의 대립을 불러일으킨다. 주변 국가에 대한 적의를 발동시켜 일본에 거주하는 외국인에 대한 혐오감으로 전환시키려는 것이 그들의 프레임일 것이다. 관동대지진 당시의 조선인 학살에 대한 부정의 언설도, 추모에 대한 거부감도 같은 맥락에서 이루어진다. 역사 부정론이 팽배한 일본 사회에서 관동대지진 조선인 학살의 기억은 왜곡될 가능성이 크다. 1923년 9월 1일의 역사적 사실을 기억하는 자세가 한일 연대의 기반이다. 조선인 학살의 실태와 기억을 사회화시키고 전승하는 일이 관동대지진 100년을 맞이하는 출발점이다.

관동대지진 조선인 학살 100년을 맞이하여 많은 과제가 산적해 있다. 연구의 심화와 함께 다양한 활동이 요청된다. 지금 우리는 무엇을 해야 하는가? 한일 간의 역사 문제를 어떻게 청산할 수 있을까? 조선인 학살이라는 야만의 역사를 어떻게 기억하고 다음 세대에게 전승할 것인가? 해방 이후 한국 정부는 조선인 학살에 대한 진상을 규명하거나 일본 정부에 아무런 항의도 하지 않았다. 그동안 조선인 학살 문제에 대해 외롭지만 꾸준하고 힘 있게 문제를 제기해온 재일조선인과 양심적인 일본인의 운동을 거울삼아 새로운 전환이 필요하다. 여기에는 한국 그리고 더 나아가 북한도 연대하여 일본 정부에 학살의 진상 규명을 요구할 필요가 있을 것이다. 학살당한 6,000여 조선인의 죽음을 그냥 묻어두는 것은 역사의 또 다른 범죄이기 때문이다. 남한과 북한, 재일조선인 사회 그리고 일본 시민 사회의 새로운 연대가 이루어지기를 바란다.

2023년 관동대지진 조선인 학살 100년을 맞이하며
이규수

참고문헌

朝日新聞社社史編修室,『朝日新聞七十年小史』(朝日新聞社, 1949)

朝日新聞社社史編修室,『朝日新聞の九十年』(朝日新聞社, 1969)

今井清一,『横浜の関東大震災』(有隣堂, 2007)

今井清一,『関東大震災と中国人虐殺事件』(朔北社, 2020)

伊藤正徳,『新聞五十年史』(鱒書房, 1943)

印刷局,『職員録, 大正十二年』(国立国会図書館蔵, 1923)

大阪毎日新聞社,『大阪毎日新聞五十年』(大阪毎日新聞社, 1932)

大畑裕嗣・三上俊治,「関東大震災下の「朝鮮人」報道と論調上・下」(『東京大学新聞研究所紀要』35・36, 1986・1987)

小笠原強・宮川英一,「関東大震災時の中国人虐殺資料を読む」(『専修史学』58, 専修大学歴史学会, 2015)

小笠原強・宮川英一,「関東大震災時の中国人虐殺資料を読む(2)」(『専修史学』61, 専修大学歴史学会, 2016)

河北新報社,『河北新報の七十年』(河北新報社, 1967)

河北新報創刊百周年記念事業委員会,『河北新報の百年』(河北新報社, 1997)

加藤直樹,『九月, 東京の路上で』(ころから, 2014)

加藤直樹,『トリック 「朝鮮人虐殺」をなかったことにしたい人たち』(ころから, 2019)

加藤康男,『関東大震災「朝鮮人虐殺」はなかった!』(ワック, 2014)

姜徳相,『関東大震災』(中公新書, 1975)

姜徳相,『[新版] 関東大震災・虐殺の記憶』(青丘文化社, 2003)

姜徳相・琴秉洞編,『現代史資料6 関東大震災と朝鮮人』(みすず書房, 1963)

関東大震災五十周年朝鮮人犠牲者追悼行事実行委員会・調査委員会編,『歴史の真実–関東大震災と朝鮮人虐殺』(現代史出版会, 1975)

金静美,「三重県木本における朝鮮人襲撃・虐殺について」(『在日朝鮮人史研究』18, 在日朝鮮人運動史研究会, 1988)

北原糸子,『関東大震災の社会史』(朝日新聞出版, 2011)

黒龍会編,『黒龍会三十年事歴』(黒龍会, 1931)

後藤周,『研究ノート』(私家版, 2009~2021)

信濃毎日新聞「百年の歩み」編集委員会, 『百年の歩み−信濃毎日新聞』(信濃毎日新聞社, 1973)

中央防災会議・災害教訓の継承に関する専門調査会 『第二期報告書・1923 関東大震災』(内閣府ホームページ, 2006)

鉄道省編・老川慶喜解題, 『関東大震災・国有鉄道震災日誌』(日本経済評論社, 2011)

東京朝日新聞社編, 『関東大震災記』(東京朝日新聞社, 1923)

中園裕, 『新聞検閲制度運用論』(清文堂出版, 2006)

日本電信電話公社電信電話事業史編集委員会編, 『電信電話事業史2』(電気通信協会, 1959)

樋口雄一, 「自警団設立と在日朝鮮人」(『在日朝鮮人史研究』14, 在日朝鮮人運動史研究会, 1984)

保阪正康, 『戦場体験者 沈黙の記録』(ちくま文庫, 2018)

藤井忠俊, 『在郷軍人会』(岩波書店, 2009)

毎日新聞社社史編纂委員会編, 『毎日新聞七十年』(毎日新聞社, 1952)

宮地忠彦, 『震災と治安秩序構想』(クレイン, 2012)

山田昭次編, 『朝鮮人虐殺関連新聞報道史料1~4巻・別巻』(緑蔭書房, 2004)

山田昭次, 『関東大震災時の朝鮮人虐殺とその後 虐殺の国家責任と民衆責任』(創史社, 2011)

山田昭次, 『関東大震災時の朝鮮人迫害 全国各地での流言と朝鮮人虐待』(創史社, 2014)

山根真治郎, 『誤報とその責任』(日本新聞協会附属新聞学院, 1938)

吉村昭, 『関東大震災』(文春文庫, 2004)

吉田律人, 『軍隊の対内的機能と関東大震災−明治・大正期の災害出動』(日本経済評論社, 2016)

渡辺延志, 『歴史認識 日韓の溝』(ちくま新書, 2021)

Ramseyer, J, Mark, 『PRIVATIZING POLICE: JAPANESE POLICE, THE KOREAN MASSACRE, AND PRIVATE SECURITY FIRMS』 (The Social Science Research Network Electronic Paper Collection, 2019)

Ramseyer, J, Mark, 『On Privatizing Police: With Examples from Japan』 (The Social Science Research Network Electronic Paper Collection, 2021)

부록

관동대지진 관련 사진 자료

—

이 자료는 (재)동농재단 강덕상자료센터 소장 자료의 일부입니다.

—

사전에 동의를 구하지 않고 무단 인용하는 것을 금합니다.

1 지진의 참상 관련 엽서

火猛と雲怪の日當

지진 당일 자욱한 불의 연기

害慘の面方阪赤

아카사카 방면의 참상

神田須田町附近の惨状 　（大正十二年九月一日大震火災の実況）

간다 스다정(町) 부근의 참상

避難民の貨車満載の実況 　（大正十二年九月一日大震火災の実況）

화물기차에 넘쳐나는 피난민

니혼바시 부근의 대재해

불에 휩싸인 경시청

神田保町附近の焼野原　(九二十九月一日大震災の実況)

불타버린 간다 진보정(町) 부근

浅草公園十二階附近の惨状　(九二十九月一日大震火災の実況)

아사쿠사 공원 십이계(료운카쿠;凌雲閣의 별칭) 부근의 참상

失燒の館會京東と劇帝　(大正十二年九月一日大震大火の慘狀)

제국극장과 도쿄회관의 소실

狀慘大の街大座銀　(大正十二年九月一日大震大火の慘狀)

긴자 대로의 대참상

況實る た 館慘 の 世 見 仲 草 淺 （其立8及4廣大日一月九年二十大）

아사쿠사 경내 상점가의 참상

慘慘 の 近 附 屋 坂 松 路 小 廣 野 上 （其加の災火廣大日一月九年二十大）

우에노 마쓰자카야 부근의 참상

欷憪の近陽善丸通大橋本日

니혼바시 마루젠 부근의 참상

山の骨者死燒後寮服被所本

혼조 피복창 화재로 죽은 희생자의 유골

二重橋附近の恐しき地割れ　　　　(大正十二年九月一日大震災の光景)

니쥬바시 부근의 균열

京橋大通り燒失前の倒壞家屋　　　　(大正十二年九月一日大震災の光景)

교바시 도로 소실 직전의 가옥 붕괴

가와사키 유곽의 전멸

혼조 료코쿠 국기관 부근

경마장 앞 내외빌딩의 붕괴

히비야 공원 교차점의 참상

화재를 피해 우에노역 앞으로 몰려드는 피난민

니혼바시 닌교정(町)의 참상

神田橋 の 燒失 〈大正十二年九月一日大震火災の実況〉

간다바시의 소실

グランドホテル倒壊

그랜드 호텔의 붕괴

요코하마역의 잔해

요코하마 시청의 잔해

난킨마치의 참상

혼조 거리의 참상

요코하마역의 참상

그랜드 호텔의 참상

神奈川縣廳ノ慘害

가나가와 현청의 참상

不老町小公園ノ龜裂

요코하마 후로정(町) 공원의 균열

요코하마 잔교의 참상

요코하마 야마시타정(町)의 참상

요코하마 미나토바시 소공원에서 바라본 시청의 참상

요코하마 야마시타정(町) 오리엔탈호텔의 참상

요코하마 오노에정(町)을 사이에 두고 바라본 시청

요코하마 미나토마치 하안의 대균열

요코하마 이세자키정(町)의 참상

요코하마에서 먹을 것을 찾아 방황하는 이재민

요코하마 야마노테 거류지

요코하마 정금은행 부근의 참상

2 조선인 학살 관련 사진

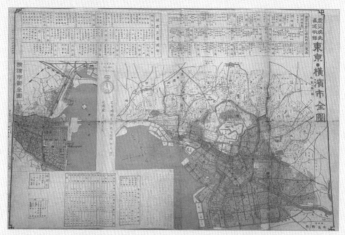

지진 피해 지도(색이 진한 부분이 피해지역)

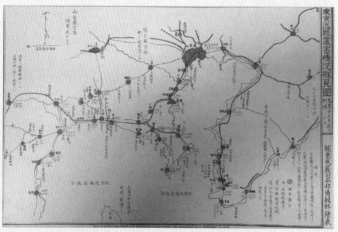

도쿄 인근 현 지진피해정황 개견도 (9월13일까지 판명된 것)

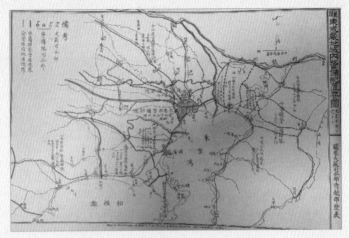

관동계엄지역 내 경비배치요도(9월10일 현재)

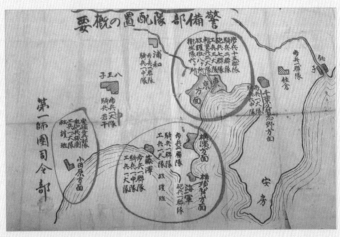

경비부대 배치 개요

자경단원들이 행인을 단속하고 있는 모습을 묘사한 화첩

계엄군과 경찰이 행인을 검문하는 모습을 묘사한 화첩

참모본부 내의 관동계엄사령부

부서지기 직전의 판자문에
계엄령을 고지하는 경관.
오른쪽에 있는 사람은
죽창을 들고 있다(우시고메 추정)

확성기, 플래카드를 들고
경고하며 걸어가는 경관

계엄사령부 앞의
후쿠다 대장(왼쪽)과
아베 참모총장

계엄군의 교통 검문
(긴자오와리 교차로 추정)

휴식중의 계엄군, 착검상태

제국호텔 앞의 계엄군과 자경단원들

검문소를 경비하는 계엄군

자경단. 군복을 입은 자는 재향군인, 죽창 곤봉을 들고 있다(아자부 방면 추정)

죽창, 총, 개 등으로 무장한 자경단(요코하마시 추정)

가구라자카 경찰서가 압수한 자경단의 흉기

계엄군의 조선인 체포 상황

계엄군의 조선인 박해 장면

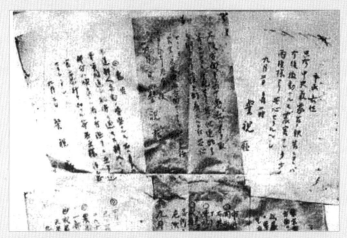

경시청이 뿌린 전단지, 쌀이 60만 석이 온다거나 폭동설은 유언비어라는 글자가 보인다

학살된 조선인 시체 2구. 삼을 꼬아서 만든 가는 줄로 묶여 있다

학살된 조선인 시체 5구. 말뚝에 묶여 있다(에이다이바시 부근)

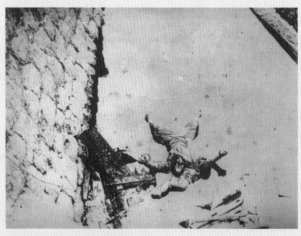

학살당해 강물에 버려진 조선인 시체들

조선인 학살

조선인 학살

조선인 학살 (데라시마, 9월 7일 오후 촬영)

조선인 학살

조선인 체포와 연행

강물 속 학살 시체(아즈마다리 추정)

조선인 연행 상황(스다초[須田町] 부근 추정)

강제노동에 동원된 조선인

가구라자카(神楽坂) 경찰서에 수용된 조선인(9월 14일 추정)

경찰 지휘 하에 피해지 정리에 동원된 조선인

야오야마 수용소의 조선인

가와사키 다지마마치(田島町) 수용소 조선인(10월 4일 추정)

오지 경찰서에 수용된 조선인(9월 10일 추정)

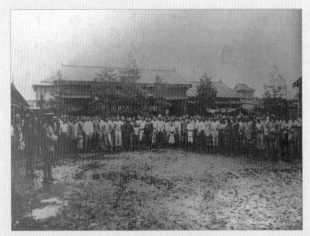

센주(千住) 경찰서에 수용된 조선인(9월 10일 추정)

센주(千住) 경찰서의 수용 상황(9월 10일 추정)

경시청 메구로(目黑) 수용소의 상황(9월 17일 추정)

경시청 메구로(目黒) 수용소의 상황(9월 13일 추정)

경시청 메구로(目黒) 수용소의 상황(9월 13일 추정)

경시청 메구로(目黒) 수용소의 상황(9월 13일 추정)

나라시노(習志野) 포로수용소에서의 야마나시(山梨) 계엄사령관과 조선인

나라시노(習志野)에서 도쿄로 철수하는 조선인, 머리에 붕대를 감고 있는 사람이 많다.

조선총독부 아오야마(青山) 수용소의 모습

찾아보기